政府管制研究系列文库
The Research Archive on Regulation

金融改革与管制
——以温州为例

Financial Reform and Regulation
—Take Wenzhou as an Example

徐立平◎著

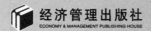

经济管理出版社
ECONOMY & MANAGEMENT PUBLISHING HOUSE

图书在版编目（CIP）数据

金融改革与管制——以温州为例/徐立平著 . —北京：经济管理出版社，2018.7
ISBN 978-7-5096-5908-3

Ⅰ.①金… Ⅱ.①徐… Ⅲ.①金融改革—研究—中国 Ⅳ.①F832.1

中国版本图书馆 CIP 数据核字（2018）第 164447 号

组稿编辑：张　艳
责任编辑：许　艳
责任印制：黄章平
责任校对：董杉珊

出版发行：经济管理出版社
　　　　　（北京市海淀区北蜂窝 8 号中雅大厦 A 座 11 层　100038）
网　　址：www. E-mp. com. cn
电　　话：(010) 51915602
印　　刷：三河市延风印装有限公司
经　　销：新华书店
开　　本：720mm×1000mm/16
印　　张：14.75
字　　数：226 千字
版　　次：2018 年 9 月第 1 版　2018 年 9 月第 1 次印刷
书　　号：ISBN 978-7-5096-5908-3
定　　价：49.00 元

总　序

英文 Regulation，通常被译为"管制""规制"或者"监管"。在学术界，国内学者翻译国外论著以及自己撰写论著时，同时使用"管制"或"规制"，两者不存在实质性的区别；而实际生活中广泛使用的"监管"则可分为狭义监管与广义监管，其中，狭义监管的概念和范围基本等同于"管制"，而广义监管通常被理解和分拆为"监督与管理"。因此，政府机关的所有行政监督与管理行为都被泛称为监管。我们认为，被泛化的广义监管是对管制的误解。这是因为，管制不同于一般的行政管理。首先，从对象上看，行政管理发生在政府部门内部，其管理对象主要是政府部门的下级（下属）单位；而管制的对象则是独立的市场主体（企业和个人）。其次，从主体与客体的相互关系看，行政管理是政府部门与政府部门的关系，主体和客体之间往往是上下级关系，并不是完全独立的；而管制实际上是政府与市场主体（企业和个人）的关系，其主体与客体之间是完全独立的。最后，从手段上看，行政管理可以依靠（主观的）行政命令来直接控制下级（下属）单位；而管制主要依靠（客观的）法律来规范和约束经济上、法律上独立的市场主体。

尽管不少国内外学者对管制有不同的定义，但不难发现管制至少具有这样几个构成要素：①管制的主体（管制者）是政府行政机关（简称政府），通过立法或其他形式对管制者授予管制权。②管制的客体（被管制者）是各种经济主体（主要是企业）。③管制的主要依据和手段是各种法规（或制度），明确规定限制被管制者的什么决策、如何限制以及被管制者违反法规将受到的制裁。根据这三个基本要素，管制可定义为，具有法律地位的、相对独立的管制者（机构），依照一定的法规对被管制者（主要是企业）所采取的一系列行政管理与监督行为。由于管制的主体是政府，所以管制也被称为政府管制。

管制经济学是一门新兴学科。虽然在 20 世纪 70 年代以前，经济发达国家的许多学者就发表了不少有关价格管制、投资管制、进入管制、食品与药品管制、反托拉斯管制等方面的论著，但这些论著各自在较小的领域就特定的对象进行研究，缺乏相互联系；而且，运用经济学原理研究政府管制的论著更是少见。到了 20 世纪 70 年代，一些学者开始重视从经济学角度研究政府管制问题，并试图将已有的研究成果加以系统化，从而初步产生了管制经济学。其中，美国经济学家施蒂格勒发表的《经济管制论》等经典论文对管制经济学的形成产生了特别重要的影响。20 世纪 80 年代以来，美国、英国和日本等经济发达国家对一些垄断产业的政府管制体制进行了重大改革，并加强了对环境保护、产品质量与安全、卫生健康方面的管制。这些都为管制经济学的研究提供了丰富的实证资料，从而推动了管制经济学的发展。

政府管制的研究内容比较广泛，但大致可以归纳为经济性管制、社会性管制和反垄断管制三大领域。其中，经济性管制领域主要包括那些存在自然垄断和信息严重不对称的产业，其典型产业包括有线通信、电力、铁路运输、城市自来水和污水处理、管道燃气、金融等产业。社会性管制的内容非常丰富，通常可以把社会性管制分为卫生健康、安全和环境保护三个方面，因此又可以把社会性管制简称为 HSE 管制（Health，Safety and Environmental Regulation）。反垄断管制是一个相对独立的研究领域，其主要研究对象是竞争性领域中具有市场垄断势力企业的各种限制竞争行为，主要包括合谋、并购和滥用支配地位行为。

管制经济学是以经济学原理研究政府管制科学性的一门应用性、边缘性学科。从管制经济学产生和发展的过程看，它是因实践的需要而产生与发展的，其理论研究紧密结合经济实际，为政府制定与实施管制政策提供了理论依据和实证资料，其研究带有明显的政策导向性，显示出应用性学科的性质。

同时，管制经济学涉及经济、政治、法律、行政管理等方面的内容，这又决定了管制经济学是一门边缘性学科。

经济学是管制经济学的基础性学科。这是因为，管制经济学不仅要研究政府管制本身的需求与供给，包括需求强度和供给能力，而且要分析政府管制的成本与收益，通过成本与收益的比较，确定某一政府管制的必要性。同时，管制政策的制定与实施也要以经济学原理为依据，如经济性管制的核心内容是进入管制与价格管制，进入管制政策的制定与实施要以规模经济、范围经济、垄断与竞争等经济理论为重要依据，以在特定产业或领域形成规模经济与竞争活力相兼容的有效竞争格局，而价格管制政策的制定则以成本与收益、需求与供给等经济理论为主要依据。对每一项社会性管制活动都要运用经济学原理进行成本与收益分析，论证管制活动的可行性和经济合理性。

行政管理学与管制经济学具有直接的联系。因为管制的基本手段是行政手段，管制者可以依法强制被管制者执行有关法规，对其实行行政监督。但是，任何管制活动都必须按照法定的行政程序进行，以避免管制活动的随意性。这就决定了管制经济学需要运用行政管理学的基本理论与方法，来提高管制的科学性与管制效率。

政治学是与管制经济学密切相关的一门学科，从某种意义上讲，管制行为本身就是一种政治行为，任何一项管制政策的制定与实施都体现着各级政府的政治倾向，在相当程度上包含着政治因素。事实上，管制一直是发达国家政治学研究的一个重要内容，管制是与政治家寻求政治目的有关的政治过程。

法学与管制经济学也紧密相关。这是因为，管制者必须有一定的法律授权，取得法律地位，由法律明确其权力和职责；同时，管制的基本依据是有关法律规定和行政程序，管制机构的行为应受到法律监督和司法控制。这就使管制经济学与法学存在必然联系。

管理学与管制经济学也有较大的联系。管制者与被管制者之间通常存在着较为严重的信息不对称性，管制者如何引导被管制者尽可能地采取有利于社会公众利益的行为，这是一个复杂的多重博弈过程，要求管制者必须掌握管理学知识，具有较强的管理能力。

管制经济学的这种边缘性学科性质，需要学者进行跨学科的协同研究。事实上，发达国家就是从多学科的角度对政府管制进行多维度研究的，并强调跨学科研究。

中国对管制经济学的研究起步较晚，据我们所掌握的资料，中国最早出版的管制经济著作是施蒂格勒的《产业组织和政府管制》（潘振民译，上海三联书店1989年版），在这部文集中，有4篇是政府管制方面的论文。随后，我国出版了日本学者植草益的《微观规制经济学》（朱绍文、胡欣欣等译，中国发展出版社1992年版），这是中国第一本专门讨论管制经济的专著，在中国有很大的影响。20世纪90年代以来，国内学者在借鉴国外管制经济学理论的基础上，结合中国实际，出版了许多论著，为管制经济学在中国的形成与发展奠定了基础。但从总体上说，中国对管制经济学的研究还处于起步阶段，在许多方面需要结合中国实际进行深入研究。

在计划经济体制下，中国不存在现代管制经济学所讲的管制问题，不能把计划理解为管制，不能把计划经济体制理解为传统管制体制。因为市场是对计划的替代，而管制是对市场失灵的校正和补充。管制是由法律授权的管制主体依据一定的法规对被管制对象所实施的特殊行政管理与监督行为。管制不同于一般的行政管理，更不同于计划。否则就没有必要讨论管制经济学在中国的发展，就没有必要讨论如何通过改革建立高效率的管制体制问题。从国际经验看，就垄断性产业而言，美国等少数发达国家主要以民营企业为经营主体，与此相适应，这些国家较早在垄断性产业建立现代管制体制。而英国、日本和多数欧洲国家则曾对垄断性产业长期实行国有企业垄断经营的体制，只是在20世纪80年代才开始对垄断性产业实行以促进竞争和民营化为主要内容的重大改革，并在改革过程中，逐步建立了现代管制体制。

中国作为一个从计划经济体制向市场经济体制过渡的转型国家，政府管制是在建立与完善社会主义市场经济体制过程中不断加强的一项政府职能。

传统经济理论认为，自然垄断产业、公用事业等基础产业是市场失灵的领域，市场竞争机制不能发挥作用，主张直接由国有企业实行垄断经营，以解决市场失灵问题。长期以来，在实践中中国对这些基础产业实行政府直接经营的管理体制。但是，新的经济理论与实践证明，国有企业垄断经营必然导致低效率，因此强调在这些产业发挥竞争机制的积极作用。20世纪90年代以来，中国像世界上许多国家一样，对这些产业逐步实行两大改革：一是引进并强化竞争机制，实现有效竞争；二是积极推行民营化，一定数量的民营企业成为这些产业的经营主体，并在这些产业形成混合所有制的经营主体，以适应市场经济体制的需要。这样，政府就不能用过去管理垄断性国有企业的方式去管理具有一定竞争性的混合所有制企业或民营企业，而是必须转变政府职能，建立新的政府管制体制，以便对这些产业实行有效管制。同时，在经济发展的基础上，中国日益强调对环境保护、卫生健康和工作场所安全等方面的管制。这些都使政府管制职能表现出不断强化的趋势。

为适应不断完善社会主义市场经济体制的需要，中共十六大明确提出政府的四大基本职能是经济调节、市场监管、社会管理和公共服务，首次把市场监管（政府管制）作为一项重要的政府职能。中共十八大进一步强调市场监管问题，在深化改革过程中，一方面要大大缩小政府行政审批的范围，另一方面要加强市场经济体制所必需的政府监管（管制）职能。中共十九大及其三中全会更是对完善市场监管体制，健全金融监管体系，创新监管方式，新设国有自然资源资产管理和自然生态监管机构、完善生态环境管理制度，统一行使监管城乡各类污染排放和行政执法职责等方面提出了更高的要求。在简政放权、放管结合、强化事中事后监管等一系列政府行政体制改革中，如何加强政府有效监管已成为一个重要的改革内容。

浙江财经大学是国内较早地系统研究政府管制经济学的高等学校，在政府管制领域承担了国家社会科学基金和国家自然科学基金重大项目、重点项目和一般项目30多项、国家科技重大专项子课题3项、省部级研究项目80多项，在政府管制领域已出版了50多部学术著作，在《经济研究》等杂志上发表了一批高质量的学术论文，其中，一些成果获得了"孙冶方经济科学著作奖""薛暮桥价格研究奖""高等学校科学研究优秀成果奖"（人文社会科学）等。特别是近年来，有 30 多个有关政府监管的咨询报告获得了国家级和省部级领导批示，其中国家级领导批示的有 10 多项。学校已形成了一个结构合理、综合素质较高、研究能力较强的研究团队。为适应政府管制经济学研究的需要，更好地为政府制定与实施管制政策服务，学校成立了跨学科的浙江财经学院中国政府管制研究院，其中包括政府管制与公共政策研究中心（浙江省社会科学重点研究基地）、管制理论与政策研究创新团队（浙江省重点创新团队）、城市公用事业政府监管协同创新中心（浙江省"2011"协同创新中心）、公用事业管制政策研究所（学校与住房和城乡建设部合作研究机构）等研究平台。中国政府管制研究院的主要研究方向包括：政府管制基础理论研究、城市公用事业政府管制理论与政策研究、垄断性行业管制理论与政策研究、能源管制理论与政策研究、环境管制理论与政策研究、食品与药品安全管制理论与政策研究、反垄断管制理论与政策研究、金融风险监管理论与政策研究、政府管制绩效评价理论与政策研究等。为系统出版学校教师在政府管制领域的学术著作，反映学科前沿研究成果，我们将持续出版《政府管制研究系列文库》，这也是我们对外开展学术交流的窗口和平台。欢迎专家学者和广大读者对文库中的学术著作给予批评指正。

孙冶方经济科学著作奖获得者

中国工业经济学会副会长、产业监管专业委员会主任委员

浙江财经大学中国政府管制（监管）研究院院长

王俊豪

2018 年 6 月于杭州

前　言

1978 年 12 月，中共十一届三中全会奏响了改革开放的"进军号"。到 2018 年，我国的改革开放历程整整 40 年，40 年间，祖国大地，沧桑巨变。

浙江省温州市地处我国东南沿海，土地贫瘠、面积狭小。然而，几十年间，温州不断创造、续写着财富神话；聪明、智慧、刻苦、"敢为天下先"的温州人，思维无定式，靠自己的探索和尝试，一步步走向成功。

温州是我国民间金融较为发达的地区，温州人敢想敢干，不拘一格，因此温州也曾经出现过金融秩序混乱、非法集资、资金链断裂等金融乱象。探索温州金融的改革与监管历程，对于我国金融体制的健康发展有着历史借鉴意义。

作为从事金融研究的学者，笔者长期以来对温州这座改革开放以来极具发展特色的城市，产生了强烈的研究欲望。近年来，笔者有机会多次到温州开会、调研，身临其境感受温州金融的一次次裂变，也引发了笔者对温州金融的深层次思考。其间，笔者也陆续写了一些论文，做了些课题。

2016~2017 年，笔者作为浙江省委组织部"新百人计划"中的一员，到温州市委挂职锻炼一年。基层的锻炼和调研，使笔者有机会亲眼目睹温州改革开放以来发生的翻天覆地的变化，从而使笔者更加坚定了为温州的沧桑巨变著书立说的想法。在收集、查找、论证资料和专著撰写期间，回望温州金融改革与监管发展历程中迈出的每一步坚实的步伐，更加强烈地激发了我们从事金融理论研究工作者的责任感和使命感。

本书旨在对温州金融的改革和监管进行探索研究，希望这部专著能对温州、对浙江乃至全国在金融体制的改革、对未来的金融监管与发展方面有所裨益和借鉴。

　　本书得到了浙江财经大学政府管制研究院社科基地的资金支持。借此衷心感谢政府管制研究院的专家和领导对本书提出的修改建议，尤其感谢杨宏伟主任对本书的前期准备工作所做出的悉心指导和付出的努力。

笔者 2018 年 3 月于杭州

目　录

第一章　温州金融的历史变迁与金融监管 ························· 1

第一节　温州经济的基本特征 ······························· 1

第二节　温州经济金融发展的历史脉络 ····················· 8

第三节　温州的股份制合作企业 ························· 15

第四节　地方政府对温州金融的规范和监管 ··············· 17

第二章　温州的农村工业化与政府监管 ····················· 23

第一节　温州农村工业化道路形成的原因 ··············· 23

第二节　温州地区农村工业化的奇特发展之路 ··········· 24

第三节　温州经济发展的文化内涵 ····················· 26

第四节　地方政府的特殊角色 ························· 28

第五节　农村工业化的金融支持与金融监管 ··········· 30

第三章　温州的民间金融 ····························· 41

第一节　民间金融的类型 ····························· 41

第二节　温州民间金融初具规模 ····················· 46

第三节　温州民间金融的生长环境 ··················· 48

第四节　温州的民间金融与国有金融 ················· 52

第五节　政府部门对民间金融的监管 ················· 62

第四章 温州信用体系的建立与监管 ················· 69

第一节 温州金融市场的信用基础是一种独特的传统信用 ······· 69

第二节 如何从传统信用向现代信用转型 ··············· 72

第三节 向现代信用转型刻不容缓 ··················· 77

第四节 重新建立新的信用体系 ····················· 84

第五节 政府部门对信用体系的监管 ················· 86

第五章 温州金融服务业对地方产业集群的支持与监管 ······· 97

第一节 温州产业集群的出现及融资特点 ··············· 97

第二节 温州产业集群的融资过程 ··················· 100

第三节 银企关系在产业集群的作用 ················· 103

第四节 温州金融业对产业集群的金融支持 ············· 107

第五节 融资优势和金融支持的深化 ················· 110

第六节 政府对农村金融的监管 ····················· 112

第六章 温州中小企业的成长及金融支持 ··············· 125

第一节 温州中小企业的发展历程与现状 ··············· 125

第二节 温州中小企业融资结构的发展变化 ············· 127

第三节 温州中小企业融资结构逆转的原因 ············· 129

第四节 温州中小金融机构的发展困境 ··············· 132

第五节 中小金融机构的内部分工 ··················· 135

第六节 中小企业融资难的新特点 ··················· 138

第七节 依靠政府监管解决中小企业融资难问题 ········· 142

第七章 温州农村合作金融机构信贷风险的控制及监管对策 ··· 149

第一节 温州农村合作金融机构的发展历程与现状 ········· 149

第二节　温州农村合作金融改革中存在的问题 ······· 153

第三节　温州农信社金融业务改革实践 ············· 157

第四节　提高信贷资金使用率　降低信贷违约率 ····· 164

第五节　优化农村合作金融机构　完善信贷风险内控体系 ····· 170

第六节　农村合作金融机构信贷风险监管对策 ······· 174

第八章　温州地区对外投资和资金外流问题监管 ······· 177

第一节　温州对外投资的基本情况 ················· 177

第二节　温州地区资金外流规模 ··················· 179

第三节　对外投资和资金外流的原因与影响 ········· 181

第四节　个人和企业境外投资和资金外流问题监管 ··· 185

第九章　温州的金融改革与金融监管 ············· 191

第一节　温州金融改革与监管的意义 ··············· 191

第二节　温州金融监管的重点领域 ················· 200

第三节　温州金融监管改革大事记 ················· 209

参考文献 ··································· 219

第一章　温州金融的
历史变迁与金融监管

　　温州，我国东南沿海一座普通的城市，经过四十年改革开放的风雨洗礼，作为中国民营经济和金融改革的"桥头堡"，名声大噪。温州的民间资本曾经迅速膨胀，但由于政府部门对金融监管不力，出现了众多地下钱庄和非法的民间集资及民间借贷，继而又迅速导致温州的金融危机和资金链断裂、企业倒闭的经济乱象。因此，今天我们研究和探索温州金融改革与监管的发展历程，就显得尤为重要。

第一节　温州经济的基本特征

　　改革开放以来，温州之所以引起社会的广泛关注，是因为它在发展过程中逐渐形成了自身的发展特色，又爆发了温州式的金融危机。20 世纪 80 年代以来温州模式的特征，主要集中体现在以下几个方面。[①]

一、所有制结构特征

　　温州经济发展中最突出的特征就是温州经济的所有制和产权结构。具体

---

　　① 王晓毅，蔡欣怡，李人庆. 农村工业化与民间金融——温州的经验 [M]. 太原：山西经济出版社，2004：28.

而言就是民营经济、私有部门，或者非正式部门在温州经济发展中始终占据主导地位。当年在中国经济转型过程中温州经济区别于其他地区的特征和备受争议的根源就在于民营企业的迅速发展。1999 年，温州工业企业总数达到12.798 万家，居浙江省首位。其中国有企业和集体企业的占比分别为 0.13%和 4%，股份合作企业占 12.51%，私营企业占 6.5%。在统计上所谓的"其他企业"共有99095 家，占全部企业总数的 77.43%，这类无法纳入既定企业制度类型的企业，几乎全部是家庭企业或个体企业。如果将实际上也是由私有产权构成的绝大多数股份合作制企业也看作私有经济类型的话，温州经济的私有制比重竟然达到了 95%。这一比例不仅高于中国其他地区，高于其他转型经济国家私营经济比例，甚至还高于一些传统的发达资本主义国家的私有化比重。这一过程几乎是在中国转型初期就形成的一种温州经济基本格局。

1998 年，温州仅个体、私营等非公有制经济的工业总产值就达 1190 亿元，占全市工业总量的 85% 以上，在农村工业总产值中，其占比更高达 90%以上，在国内生产总值和上缴税收中，其也分别占到 70% 和 80% 以上。这既是温州始终处于意识形态和舆论焦点的原因，也是温州经济持续稳健增长的奥秘。有的学者指出，温州"经济的快速增长来自资本的快速积累，资本的快速积累来自积累资本的强大动力，积累资本的动力来自于产权明晰。这就是温州经济发展的逻辑。温州经济正是由于产权明晰，企业在经营过程中就不存在短期行为。不像某些国有企业那样，发展到一定程度后，由于经营者的短期行为和少数人的化公为私，企业资产不是越滚越大，而是越滚越小"。

个体私营经济的发展带来两个明显的特征：第一是企业的规模小；第二是企业的数量多。温州的农村工业化具有广泛的民间参与性，有学者将温州经济形象地比喻为"老百姓经济"。在温州的农村工业化进程中，不是造就了一些大规模企业，而是造就了一大批中小企业家。如苍南县在 20 世纪 80年代末共有 24 万户、100 多万人，其中有 36 万人从事个体经济。农村工业化的广泛参与性表明，温州农村工业化的进入门槛比较低。20 世纪 80 年代，一批有很少资金，甚至没有资金的人在温州都创立了自己的企业。这种以个体和家庭私有产权结构为基础建构起来的比较明晰的产权结构，不仅使温州经济发展中资本形成的基础比较扎实，而且带来了投资决策的分散化、大众参与化，以及随之而来的微观经济决策的民间主体化，也使温州经济增长的动力内生化。

所有制的特征反映在资本结构上就是巨大民间资本的形成。与珠江三角洲和长江三角洲不同，温州农村工业的发展主要依靠当地民间资本投资。

二、经济运行机制的市场化特征

私有制特征与市场化机制有着某种亲和性，尤其是在转型经济中。因为在转型经济中，私有经济要生存和发展，几乎不可能从计划经济渠道获得任何经济资源，而只能依靠市场渠道和市场机制获得经济资源。温州经济通过市场来连接生产和销售，通过市场进行生产的协调组织。无论是生产资料、产品，还是劳动力、资本和技术，温州经济都是通过市场手段获得的。温州农村工业化的一个基本特点就是"以商带工"，用费孝通教授的话来说就是"小商品，大市场"，还有就是"家庭小作坊和社会化大协作"。这种对应关系反映了温州经济结构特点中的内在联系性。

为温州人所津津乐道的市场经济包含了几个层面的意义。一方面，温州从农村工业发展开始，其产品就是服务市场的。因为没有指令性计划，所以其产品必须为市场所接受。20世纪80年代，将温州的产品与国内市场联系在一起的是数万供销员和众多专业市场。在工业化初期，温州的系列小商品主要有再生腈纶衣裤、再生腈纶纱、商标、徽章、塑料编织袋、低压电器及美术工艺品等。原料大部分来自各城市大中型企业的边角废料，产品面向全国的乡村和城市，销售则主要依靠专业市场与供销大军。20世纪80年代初，温州就有10万余名专业供销人员在全国各地推销商品，采购当地生产所需要的原材料和半成品。他们把温州分散的商品生产与外界多样化的市场需求沟通起来，形成了流通网络，充分发挥了温州商品经济的"纽带"和"桥梁"作用。温州生产的产品大多数是民用小商品，生产品类杂、批量大、销售广，必须在全国范围内销售。费孝通教授十分精辟地将此概括为"小商品、大市场"。温州的供销员及其跑业务的方式与其他地方不一样，其他地方业务员属地方企业所有，主要是推销本企业已有的商品；温州供销员一般是独立的，他们自己没有东西，用市场已有或还没有的商品，向单位或个人消费者进行推荐，签订购销合同，然后组织商品，商品可能来自一家企业，也可能来自多家企业或专业市场。他们把温州的小商品与全国的大市场连接起来，使温州商品生产向更广阔的规模和更深的层次发展。

另一方面，供销人员对家庭工业起着引导带动的作用。以柳市发展为例，改革初期，柳市的专业供销人员很快发展到 1.5 万人，年出差量为 5 万人次，年签订合同在 30 万份以上。根据对当时 4500 多份合同的调查，这些合同近80% 是从县以下企业取得的，它们都不在当时的计划之内。这些从几十元到几千元的供货合同，使千家万户的企业得以按市场需求生产。这些青年农民供销员，是家庭工业产品畅销不衰的重要原因。供销员不仅将温州的家庭工业与外部市场联系在了一起，同时也将温州本地的企业联系在一起，形成了区域内部的分工协作，这种分工协作的结果就是形成了温州的产供销基地，也就是专业市场。20 世纪 80 年代，在交通不便的温州形成了许多全国性的市场，最为典型的是十大专业市场。十大专业市场大多是商品集散地。与此同时，许多温州的私营企业家都开始着眼于建立股份合作制企业，他们与朋友、亲戚共同投资，每人持有一定的股份，当他们感到这种合作束缚他们发展的时候，就可以顺利地将股权转让出去，并可能用出让股权的收入建立新的企业。在温州要素市场中，资金市场是最具特色的，早在国有银行商业化之前，温州已经形成了规模较大的民间资金市场。地方要素市场的形成对温州模式的形成起了至关重要的作用。

但是，温州经济与市场的连接方式到了 20 世纪 90 年代特别是 90 年代后期发生了很大的变化。首先，全国范围内市场经济迅速发展，国家指令性计划迅速萎缩，温州产品不再是在计划经济的夹缝中寻找生存空间，而是要与各地的产品竞争市场空间。其次，随着温州企业正规化水平的提高，温州企业开始采用现代企业所共同采取的手段开创市场空间。如温州的制鞋业在全国开办了许多专卖店。一位企业的经营者认为，他们更愿意选择电视广告的形式，而不愿意采用路边发广告的形式，因为前者与其企业规模相适应，后者可能会损害企业的形象。温州市开始打击假冒伪劣产品，树立产品形象的行动也表现了温州产品的市场化变化。随着较大规模的企业在温州逐渐浮出水面，温州的小企业逐渐离开人们的视野，它们与市场连接的渠道也逐渐为人们所忽视。在这种情况下，制度化水平比较低的企业仍然使用其习惯的方式开拓市场。北京浙江村的温州企业家就明显地保留了温州模式时期进入市场的方式。与此同时，我们看到温州经济的市场化特征也在逐渐为其他地区所接受。

三、温州经济组织形态的基本特征

以家庭为基础的生产单位与以乡村行政区域为范围的生产群体相结合，形成专业化分工和协作，这是温州经济发展初始阶段的主要特征。温州经济组织结构是以家庭工业为基础的，但是如果仅仅如此并不能保证它在市场竞争中取得优势。其中的关键就在于它通过社会化的专业分工和协作体系构建了整体的专业化集群竞争力。这就是中国其他地方也存在大量的个体家庭工业，但唯独温州形成了区域规模化、家庭工业化的原因。但是不论何种生产组织形式，关键在于它是否有竞争力，而不是其他。迈克尔·波特（Michael E. Porter）在其研究产业发展和产业竞争优势的著作《国家的竞争优势》中指出："可能触发一地产业的竞争关键要素通常有三种。起初由生产成本因素提供一个产业在国际上生存所需的基本竞争优势，它也可能形成一个产业集群的原动力。其次，相关产业也会激发产业原动力。第三种形成竞争型产业的共同基础是需求条件。满足一地基本或独特的需求，是当地企业出现的主要原因。"温州正是具备了上述三种基本的竞争要素才获得了产业的发展。从产业技术看，温州选择了劳动密集型产业，从而躲开了其他产业的必要资本量壁垒和技术壁垒，较为容易地进入工业领域。从产业组织形式看，温州选择了家庭工厂这种产权关系清晰的形式，从而降低了相互之间的监督成本，调动家庭成员的积极性。正是由于选择了容易进入的产业领域，相邻农民相互模仿，温州各地才形成了一个个区域特征十分明显的专业化产业群。通过合作与竞争，其产业竞争力得到了有效的提升。

温州区域特色经济的优势源于产业集聚，产业集聚使分散的中小企业提高组织化程度。改革开放以来，温州经济之所以保持了较高的增长速度，并成为全国经济发展最具活力的地区之一，其中一个重要原因，就是得益于市场与产业互为依托以及以一镇一品为基础的特色产业集聚区的形成和发展。据初步统计，2000 年全市 11 个县（市、区）143 个建制镇中，特色产业（产品）产值超过 10 亿元的就达 30 多个，经济总量占全市的 60%以上。乐清柳市低压电器、永嘉桥头纽扣、瑞安塘下汽摩配件、苍南龙港印刷、平阳萧江塑编、瓯海永中阀门、龙湾蒲州制笔以及市区服装、鞋革、打火机、眼镜、灯具、家具等产品都形成了相当规模的生产销售基地，显示了产业集聚区独特的竞争优势。温州产业集聚区的产品特色在于以"轻型"为主。一方面紧紧跟随群众的生活需求，生产日常必需、使用周期短而市场十分广阔的产品，并且档次、品种齐全，适应不同层次消费者的要求；另一方面紧紧跟踪企业的生产要求，生产机械、化工、电子等行业的中小产品和配件。这些产品一般市场总量不大，然而一旦立住脚跟，就在竞争中占据了十分有利的地位。温州许多产品的国内市场占有率比较高，市场占有率在 20%以上的就达 100 多种，其中皮革占 20%，低压电器占 35%，阀门占 30%，磁力泵占 70%，程控交换机占 30%，防风打火机占 90%，眼镜占 80%，民用灯具占 30%，商标徽章占 40%，制笔占 33%……从而形成了一系列在国内具有优势的产品行业群体。

在温州经济的发展过程中，我们可以看到温州企业组织具备几个明显特征：首先，温州的企业规模都比较小，往往以家庭为单位从事生产；其次，通过社会关系和产业链，不同的投资者和企业组成了企业网络，并通过供销员和专业市场与国内的市场联系在一起。在此基础上，温州经济组织衍生出许多特征。如企业中较高的自有资金比例，民间金融对企业发展的支持，资金的迅速流动等。

进入20世纪90年代以后，在温州模式的基础上，温州的企业组织形式也在发生变化。首先，以家庭为单位的企业发生了分化，一些企业的规模不断扩大，正规化程度不断提高。建立现代企业制度实际上主要针对的是这些具备一定规模的企业。企业规模扩大以后，其对地方社会网络的依赖性就会减弱，而与国内或国际市场之间的连接则越来越直接。其次，温州一些产供销基地不断衰弱，尽管我们从温州的产业布局还可以明显地看到区域集聚的特点，但是由不同家庭企业连接在一起形成的产供销基地已经不像20世纪80年代那样具有明显的特征，一些专业市场衰落了，一些企业迁移了。比如在苍南县，随着龙港镇的扩大，金乡的标牌生产厂家和钱库的印刷企业都不同程度地转移到龙港镇。

尽管这种变化已经比较明显地表现出来，但是温州模式的一些特征仍然顽强地保留下来；尽管规模以上企业得到了地方政府越来越多的重视，但是在实际的社会生活中，个体企业仍然占据了主要的份额。

对于温州的发展不能割裂地进行分析，尽管从政府的角度看，希望建立与过去不同的温州经济。1999年，温州市委、市政府发出《关于进一步促进个体私营经济大发展、大提高的通知》，引导有条件的个体私营企业、合伙企业、股份合作企业向有限责任公司和股份有限公司发展，鼓励企业进行技术改造和技术创新，鼓励企业争创名牌，对获得全国驰名商标的企业，市政府给予100万元的重奖。但从20世纪90年代以后温州的经济发展看，温州模式所形成的许多特征仍然在发挥着作用。

私营经济在温州国民经济中所占的比例很大，在整个国民生产总值中占了80%，在整个工业产值中占了90%。温州的经济发展成就，主要是通过劳动者人人参与、积极发展私营经济、一切以满足顾客的需要为前提而取得的。

改革开放以来，我国人民创造的发展经济的模式，主要有通过引进外资的"三来一补"发展起来的珠江三角洲模式、依靠乡镇企业发展起来的苏南模式、依靠私营经济发展起来的温州模式。这三种模式虽然都经历过风风雨雨，但没有哪一种模式、哪一个地方像温州这样经历过那么多的坎坷曲折。主要原因在于，私营经济长期以来被视为国营经济的对立面，因此，在相当长的一段时间中，温州模式被人议论纷纷。随着温州经济的迅猛发展和中共十五大以后市场经济在我国的重新确立，温州模式不仅得到正名，而且被视为落后地区发展经济的一个很好的途径，温州人成了成功致富的光辉榜样。甚至珠江三角洲和苏南地区这些一向具有自己独特经济模式的区域，以及国有企业和外资企业一向居支配地位的大城市，也开始讨论温州模式，试图通过温州模式走出自己的发展私营经济之路。

改革开放40年来的风风雨雨，确实证明了温州模式的强大生命力。近年来，讨论温州模式成长过程和相关理论问题的著作也不鲜见，一篇篇相关论文出现在各类学术杂志上。这些著作和论文，便于我们了解和研究温州私营经济的发展历程。经济发展的最终动力，是人们想过好日子的强烈欲望，任何一个家庭、任何一个地区要改变自己的落后面貌，最重要的是要拥有建立在要求过好日子的强烈欲望基础上的创业思想。越来越多的事实证明，思想是经济的发动机，经济的落后首先是思想的落后造成的。温州值得各地借鉴的内容很多，最值得借鉴的，是它强大的创业思想。

第二节　温州经济金融发展的历史脉络

以前温州是浙江省比较贫困的地区，1978年平均每人占有的耕地面积只有0.53亩，大约只有全省平均水平的2/3，由于人均耕地面积过少，农村人多地少的问题极其严重，存在大量的缺地、少地人口，加之乡镇企业的数量相当有限，在解决农民就业问题方面发挥的作用不大，因此农民普遍比较贫困。1978年，全市农民人均纯收入只有113元，大约有2/3的人口生活在贫困线以下。地居山区的泰顺、文成、永嘉等县，更属于浙江省内经济最落后的县，即使到了 1985 年情况仍然如此。1985 年浙江省政府发文对全省五个贫困县进行政策扶持，其中就有此三县。

农村经济不振，城市同样如此。1976 年全市工农业总产值为 11.98 亿元，其中工业产值仅 5.6 亿元，尚不到工农业总产值的一半。在浙江省当时的三个城市中，温州的城市工业不仅根本无法同杭州相比，也远远不如宁波。1983 年温州的工业产值还不及宁波的 1/3。尽管两个地区的面积和人口总数相差不多。

严重缺少耕地，使农村的大量劳动力无法从事农业生产。1978 年，全市农村劳动力 188 万人，耕地总面积 19.33 万公顷，如果按每个劳动力耕种 5 亩地计算，全部耕地只需要 58 万劳动力，其余的 120 余万劳动力，约占劳动力总数的 2/3，需要另找出路。然而，乡镇企业的落后，使农村的剩余劳动力难以在工业部门就业，人们只能守住可怜巴巴的一点耕地，脸朝黄土背对青天地过着贫困的生活。

农村如此，城镇的情况也好不了多少。在中共十一届三中全会的前几年，温州市区的国营企事业单位已基本上没有招工，集体企业的职工数量也达到饱和状态，随着人口的增长，越来越多的人找不到工作。在温州市区和各县的城镇，"就业难"都是令各级政府头疼的棘手问题。1978 年，平阳县的金乡镇（现属苍南县）是一个不足 2 万人的农村集镇，镇上的失业青年和农村剩余劳动力却有 3700 多人，占了总劳动力的一半。当地的失业青年打出海报到镇委请愿，要求领导给他们安排工作。在温州的乐清县也发生过失业青年到县里请愿的事。而且，大量的农村剩余劳动力为寻找生活出路，只好被迫背井离乡，前往外地谋生。这一现象早在 1966 年就已经出现，后来愈演愈烈，1978 年前已形成规模不小的浪潮。

在东南各省以及大西北、大西南，甚至远到东北，人们都可以看到来自温州各县的手工业工匠。最初，匠人们大多是一县一艺，平阳县和永嘉县的弹棉花匠（将棉花加工成棉胎），文成县的篾匠（用毛竹编织席子等器物），乐清县的补鞋匠,泰顺县的泥水匠(土石建筑),一时闻名各地。工匠们有的是结伴外出,有的是单独外出。他们云游各地,少有长期的固定住所。这些工匠,外地政府管不着,家乡政府又无法管,人们称之为"盲流"。各地政府将这些人强制遣送回温州,但往往管理一松,他们又奔赴各地谋生。到了20世纪70年代,温州外出谋生的人口数量大幅增加,不仅有农村的剩余劳动力,也有城市的失业人口。他们从事的行业逐渐演变为"五把刀子",即菜刀(餐饮业)、剪刀(缝纫业)、劈刀(补皮鞋业)、剃刀(理发业)、螺丝刀(修理业)。这些人走南闯北,在各地干一些当地人不愿干或者很少干的零活,卖一些当地人不愿卖的小商品,解决当地的"吃饭难""修理难"和"做衣难"等问题,借此赚钱养家糊口。除此之外,还有人在上海的车站或码头帮人排队、倒卖车票和船票等。随着温州家庭企业的发展,推销家庭作坊生产的小商品并为之采购原料的购销员也加入到在各地奔波的温州人的行列,并逐渐成为主要部分。到了20世纪七八十年代之交,在外地谋生的温州人大约已达10万人。

当一批又一批温州人外出谋生时,很多的温州人重新拾起祖辈的手艺,依靠比较简易的机器甚至手工生产城市大工业不愿生产或很少生产的小商品。这种"地下经济"其实早就已经存在。例如,平阳县宜山区(后来属苍南县)的土纺土织在20世纪50年代的统购统销中保存下来,并于20世纪60年代得到大规模恢复,年产值达370多万元;1964年又受到打压,之后农民利用边角废料又搞起了再生棉花和再生布;但到了1970年,土纺土织被迫再度转入地下。又如瑞安县塘下区、莘塍区的机械工业在1949年以前便有着较好的基础,普通机械的制造能力和技术力量较强。20世纪六七十年代,一些人制造车床、牛头刨等低档机床以及各种低压阀门销往外地。打绳、织网等传统的手工业生产也重新恢复,"地下工厂"盛极一时。但到了20世纪70年代后期,这些工厂统统都被打压下去了。

尽管这些家庭企业一再受到打击,但它们就像烧不尽的野草,历经寒冬而不枯萎,一旦政府管理稍有不及便重新开工生产。直至改革开放前夕,温州不少地方都有这种规模极小的家庭企业存在。不仅农村这样，城镇同样如此。在城镇中，除了国营工厂，还存在着许多规模较小的地下工场和家庭企业。虽然这种企业没有光明正大的"身份"，但仍然有一些国家无法安排工作的城市居民的子女在此就业。各地都有相当一部分的中下层干部深感这些企业有助于解决当地的"吃饭"问题，因此，尽管上级政府一再要求关闭这些家庭企业，他们仍然听之任之。这种家庭企业和"地下工厂"为了保护自己，也往往称自己为"集体企业"，挂靠在某个国营企业或乡镇企业的下面，或者用村和公社的名义办企业。实际上，这些企业的生产过程和产品销售都是独立完成的，和挂靠的工厂或村、公社并无关系。

当城市失业人口和农村剩余劳动力为生活所迫，不顾政府禁令，到全国各地谋生、在家乡兴办家庭企业时，农业生产方面也出现了新情况。这主要发生在永嘉县，1975 年永嘉全县 77% 的耕地、1/3 的山场已被包产到户。

通过自己的劳动，解决生活出路，追求更加美好的生活，是人的本性。发展经济的决定性的最终动力，是人们追求美好生活的积极性。这种积极性，是任何强大的政治力量都无法将其长期压制下去的。温州人在国有经济和集体经济占据主体地位、计划经济无处不在的时代，暗中包产到户、兴办家庭企业地下工厂，就是一个很好的说明。

计划经济时期，温州城乡的非法市场活动从来没有停止过。1966～1976年国有企业和大集体企业不景气，居民就业问题突出，于是，为了解决居民就业问题，温州市区开办了许多民办企业。改革开放之前民办企业有两次开办高潮：第一次是 1966～1968 年。由于劳动部门长期停止招工，市民就业无人过问，大批民办企业纷纷涌现，至 1968 年激增到 471 家。从业人数 1.81万人，其中未经审批的、无许可证的多达 307 家。第二次是 1974～1976 年。由于就业问题更加突出，许多工厂为解决工人子女就业问题，划出厂房、产品业务，纷纷扶持创办家属厂。据当时市区财贸系统统计，共有家属厂211 家，从业人员 27695 人。与此同时，国有企业和大集体企业发展的迟滞，也给温州农村的社队企业留下了很大的发展空间。这些民办企业的产生为后来的温州民营经济发展打下了基础。同时，温州全市还存在着大量的无证商贩，这就为温州私营经济的发展埋下了伏笔。应该说，改革开放前温州不同于中国其他地区的一个最基本的特征，就是在基层社会层面它基本上没有经过彻底的社会主义经济基础的改造。尽管在表面上，政府也在执行中央的统一政策，如统购统销、计划安排等，但是在经济实际运行和发展过程中，它并没有也不可能完全按照社会主义计划经济的逻辑进行。因为，中央并没有为温州提供社会主义改造的物质基础，也就是必要的工业化投资。

1949 年后温州宜山区土纺土织的发展演变过程，就是对温州发展方式的一个极好的诠释和例证。

1949~1978 年，温州苍南县的宜山纺织业经历了四起四落的反复抗争，发展极其缓慢，致使曾经是鱼米之乡的温州平原富裕地区落入了赤贫的境地。1949 年后，宜山当地能工巧匠就锐意改革纺织工具，向省内外各被服厂购买碎布角或其他布料，轧碎（俗称"开花"）为再生纤维，制成花格布，向省内外销售。1953 年 11 月，粮食统购统销的计划经济政策实行后，土纺土织基本停止。

1957~1958 年的社会环境导致 1960 年农业生产急剧下降，人民生活极度困难。1960 年 11 月 13 日，中共中央发布《关于农村人民公社当前政策的紧急指示信》，文件提出：要准许社会经营少量的自留地和小规模的家庭副业等。1960 年冬天，宜山群众为了生产自救，恢复了土纺土织。1962 年 9 月，中共八届十中全会将传统的土纺土织称为资本主义，把运销、经销土布的人作为投机倒把分子，给予了严厉打击。宜山家庭土纺土织第二次遭到扼杀，农民生活再次陷入困境。

1966 年，温州地委要求认真贯彻中央有关规定，准许和鼓励社会发展家庭副业，增加社会产品和社员收入，活跃农村市场。1967 年，宜山第三次恢复了土纺土织，并将手摇纺纱改为用机电动力纺纱，纺纱锭也由传统的 40 枚逐步增加到 300 枚。织布也由此得到改进，生产的"劳动布"和"包皮布"

可供工业上使用，还有可供生产人造革衬里的花格布。1970年，在"一打三反"（即所谓打击反革命，反对贪污盗窃、反对投机倒把、反对铺张浪费）运动后，再生纺织生产再次被说成投机倒把，第三次被取缔。

1971年，周恩来同志主持工作，强调要把工农业生产搞上去，并再次强调准许社会经营家庭副业。宜山再生纺织业第四次逐步恢复生产。当地政府回顾了历史上的经验教训，认为土纺土织是宜山农村传统的家庭副业，如不准许生产，就无法解决群众生活困难的问题。但当地政府又认为土纺土织属于商品生产，是受到国家限制的。于是，在1975年邓小平主持中央工作对全国进行整顿生产恢复国民经济时，宜山区政府建立起了宜山区土纺土织办公室，实行统一管理。全区先后开办了39个集体布厂、100多个小布厂和家庭纺纱点。这些布厂、纺纱点并不主要承担土布生产任务，其主要任务是联系业务，采购并向农户分发原料和经销产品。1978年以后，由于国家经济迅速发展和国有企业技术日益先进，宜山土布相形见绌。而且，当时有2万多台机器生产土布，但供销社和社队企业两个流通渠道环节多，土布价格层层加码，商品和资金周转慢，土布滞销严重，产品产值从1977年的2918万元下降到1978年的1500万元，还有396万元产品无法销出，只好挂出"免收牌"。由于流通环节没有放开，宜山纺织业第四次面临停产的危机。

1978年召开的中共十一届三中全会指出，"社会自留地、家庭副业和集市贸易是社会主义经济的必要补充部分，任何人不得乱加干涉"。1979年3月，宜山区政府面对当地土布滞销的实际情况，向县政府提出"准许土布产品产销直接见面"的报告，得到县政府默许。"生产环节"放开，流通环节"卡住"的管理模式废止。随即宜山一下子就冒出7500名农民购销员，当年购销人员的外出数量达到32000人次。由于竞争激烈，土布每匹销价从原来的16~18元降至8~9元。土布生产再次陷入危机。技术革新成了生产发展的关键。

1980年，当地人从江苏南通购进横机，用腈纶线织成腈纶毛线衣。毛线和毛衣的售价只有当时国家正牌产品的 1/4，后降到 1/7，市场随之迅速扩大。至 1982 年宜山区共有 40936 户、181589 人，但拥有的开花、梳棉、纺织、并纱、针织、织布、缝纫、织毯等各种纺织机械设备达到 33000 多台，几乎家家户户从事这一专业生产，当时的年工业产值达到 9315 万元，纳税额为 238 万元，税后年人均收入达到 350 元。1983 年，时任国务院副总理的万里同志在全国农村工作会议讲话时对宜山家庭工业给予了充分肯定。

1984 年，宜山购进的腈纶边角料达到 1500 万公斤，相当于 34 万亩棉田的棉花产量；织出的再生布达到 300 万匹，可以绕地球赤道一周半；加工的再生腈纶衣裤 1.5 亿件，可满足当时浙江省人均 3 件的要求。组织如此大的生产规模，宜山仅仅依靠家庭工业是如何实现的？

宜山的 20120 个家庭工业户都是通过五个专业市场来组织生产的。一是 380 户农民从全国各地收购进废腈纶边角料，再由 600 户农民对边角料进行分类分包后到原料市场销售。二是 1200 户农民从原料市场购进原料进行开花后到再生腈纶棉花市场销售。三是 6430 户农民从再生腈纶棉花市场购进棉花经过纺纱到棉纱市场销售。四是 6490 户农民从棉纱市场买纱，织成再生腈纶布到市场上销售。五是 2900 户农民将布缝纫为衣裤到成品市场销售。还有 2500 户农民将产品销到全国各地。五种市场大部分在凌晨两点开市，早上 7 点散市，白天人们在家生产。这 2 万户约 6 万人的工厂就是在市场这只无形的手的指挥下，依靠价值规律夜以继日、健康有序地运转着。从宜山家庭手工业土纺土织的发展演变和家庭工业兴起的历史进程来看，温州家庭工业化的兴起和发展是一系列社会经济文化因素共同作用的结果。在这个过程中，温州不但改变了自己的经济，还改变了社会，改变了自己与政府之间的关系。

第三节　温州的股份制合作企业

股份合作制企业是具有温州特色的一种企业组织形式，在 20 世纪 90 年代有了很大发展。股份合作制企业是指由多个参股者自愿组合，按照协议和章程，以资金、实物、技术、劳动力等形式入股，从事生产经营活动的集体经济组织形式。股份合作制企业是家庭经营、联户经营、挂户经营在组织形式上的一大进步。它有几个比较明显的特点：一是产权明晰，利益直接，投资者具有对企业财产的占有权、使用权、处分权，充分调动了投资和经营的积极性。二是有利于扩大投资规模，提高生产水平。股份合作的经营机制，可以集聚更多的资金和人才。更新设备，改造技术，开发新产品，扩大生产能力，使投资者得到更大的经济利益，这是家庭经营与联户经营难以做到的。三是有利于提高企业的管理水平。因为利益直接，所以投资者必然会精心经营，提高管理水平，千方百计提高企业的劳动生产率与经营效益。四是企业充满生机与活力。由于在合股企业中，生产经营决策权和产、供、销、人、财、物等权利，完全由经营者独立自主地行使，企业具有较强的活力，既避免了过去那种政企不分、企业缺乏自主权的弊端，又有效地克服了家庭经营的落后性。五是具有利益共享、风险共担、自负盈亏、自我制约的能力。由股东切身利益关系而产生的相互监督和民主管理的自我制约机制，使企业生产经营更稳定，经济效益更佳。

为推进股份合作制的发展，1987～1997 年，温州市政府先后颁布了八项关于股份合作制经济发展的文件，使股份合作制企业迅速发展。

当然，从现代企业制度的角度看，股份合作制企业比股份有限公司似乎还落后许多，因此建立股份有限公司和企业集团也是由政府所推动的。由于企业的发展和政府的推动，温州仅在制鞋行业就有 18 家企业的产值超过亿元，拥有 2 个中国驰名商标。中国十大真皮名鞋企业中有 3 家在温州，中国五大真皮名鞋企业中有 2 家在温州；奥康、吉尔达、康奈、东艺等企业迅速崛起，成为全国性行业的龙头企业。2000 年，奥康的皮鞋产量为 500 万双，产值达 6.7 亿元，已跃居温州制鞋行业首位；吉尔达皮鞋外销量占其总产量的 70%以上，平均每天有 6000 双皮鞋走出国门；东艺皮鞋外销量占其总产量的 98%。同时，荣光集团已跻身全国胶鞋行业三强，其生产的"荣光"牌系列胶鞋远销 30 多个国家和地区。

随着企业规模的扩大，企业的生产和管理也越来越趋于正规化，产品的技术含量也相应提高。政府将温州企业的问题归结为"低、小、散"，也就是企业的技术水平低、规模小和产业分散，要改变这种状态，政府必须推动产业的升级。在解决这样的问题中，政府的计划和政策就显得尤为重要。

虽然就单个企业的规模来看，温州企业的规模有了一定的提高，1990年，企业平均产值是 22.8 万元，2001 年提高至 152 万元，为 1990 年的 6.67倍。但是与工业产值的增长相比（1990 年到 2001 年工业总产值增长了 21倍），还是偏低的。可见 1990 年以后温州经济增长的主要形式还是以企业数量扩张为主进行的，2001 年企业数量为 1990 年的 3.16 倍。企业规模的增长主要发生在 1995 年，尤其是 1997 年以后，可见股份合作改组还是对温州的企业规模产生了一定影响。但是，大中型企业产值占工业总产值的比重由1990 年的 9.88%下降到 2001 年的 6.52%。由此可见，整体而言，温州的企业规模结构并没有得到多大的改观，大中型企业占比仍然比较低。温州的中小企业是温州工业经济发展的主要源泉。

1980 年以来，中小企业的工业产品销售额占全部企业总销售额的比重长期保持在 85%以上，其中有许多年份高达 90%以上，而 2001 年甚至达到93.5%。温州中小企业的发展为温州工业化初期农村剩余劳动力向第二产业的转移提供了大量的就业机会，其从业人员占到全部企业就业人数的 80%以上。

第四节　地方政府对温州金融的规范和监管

在温州经济的发展过程中，温州地方政府所扮演的角色一直为人们所关注。研究指出，温州之所以能够产生以民营经济为主的经济形态，与地方政府的保护政策密切相关，它被看作是温州模式产生的关键因素之一。有人认为，"温州民营经济的发展，有着自身的动力和内因，而政府的'无为'也为之提供了重要的外部环境。可以说，温州政府（及官员）为'温州模式'的产生、形成和发展，进而成为我国市场经济发展的先驱，起到了不可或缺的缓冲和保护作用，降低了民营经济产生和发展的风险。没有这种'无为'，'温州模式'的萌芽早就胎死腹中了"。这种看法给人一种印象，好像温州私营经济是地方政府的政治态度或政治取向所造成的。其实比较一下浙江省和温州市对温州经济发展的支持力度和态度，我们就会发现，两者存在着差别。这种差别既反映在对待私营经济的态度和支持力度上，也表现在其与中央关系的距离上。地方政府大力促进温州经济的发展，从温州经济的挂户经营、农村金融制度创新和促进股份制企业方面都积极地采取"用足、用活"政策的手段，以此来促进温州民营经济的发展。

地方政府所采取的容忍乃至支持的态度也是在地方政府和民间社会的互动过程中逐渐形成的。与中央政府不同，在执行政策的时候，中央政府更多面对的是中央的利益和抽象的政治术语，而地方政府必须面对当地的社会现实。为适应当地的环境，地方政府往往灵活地运用政策。我们可以发现，地方政府可能更容易向现实妥协，而不是执着于统一的政策。同时，温州地方政府的官员也都是生存于当地社会之中的，在温州农村工业发展过程中，许多地方官员或者其家庭本身就是受益者。此外，还有很重要的一点，就是政府规范社会的能力。当这些因素综合发挥作用的时候，温州地方政府对地方社会所出现的新事物多采取了容忍的态度。当然，地方政府不仅仅容忍了许多当时被认为是异端的做法，甚至为此种做法提供支持和依据。地方政府的默许在很大程度上支持了温州经济格局的形成。温州的地方干部在国家与基层社会中面临着困难的选择。

虽然在国家强力控制下，当时包产到户是完全被禁止的，但是随后的20多年，温州自发的"分地单干风"一直就没有停息过。在没有人注意的时候分开干，当上级有所察觉，派"工作组"下村下乡时，人们又赶快"串通"（联合），每天一起上工、下工。等"工作组"一走，立刻又恢复原样。

在这个过程中，温州的地方政府逐渐形成了一种工作模式，它们更认同于当地实际所发生的各种问题及解决问题的方法。钱兴中市长曾说过："在温州，凡理论与实践发生矛盾时，先服从实践。"于是，个体工商业、服务业、家庭工厂、挂户经营、买卖合同、长途运输、雇工经营、合股经营、（资金）聚会等，只要上级不管，地方政府就都让其发展。甚至连私人钱庄、私人换外汇以及经营邮电业也存在过。地方政府在奉命压制、打击个体私营经济环境下"无为"。在温州个私经济和民营经济发展的初期，许多做法都是不符合当时对社会主义经济的理解的，经常会带来"姓社姓资"的争论，时不时地上级就会来个限制或者打压的文件。但是令温州政府和官员为难的是，温州人在商品经济方面的尝试往往过不了多久又会被上面肯定。这就让我们看到了温州不同于中国其他地方的国家与社会的关系和政府与企业的关系。政府在经济发展中承担了服务性而不是干预性职能。这是温州长期的政府与社会互动博弈的结果，是在长期的历史演变发展过程中形成的。之所以形成这种关系，是因为社会掌握着经济资源和经济发展的控制权，而地方政府在改革初期处于一种被动的弱势地位。

在温州经济发展和家庭工业化的过程中，我们看到了一个复杂多面的历史过程。它首先表现为计划体制与当地居民利益之间强烈对立与冲突。在生存压力、地方文化传统和独特的社会经济构造下，农民运用"捉迷藏"和"弱武器"与政府互动，采取"违背"与"规避"的策略进行生存抗争。中央政策的反复剧烈波动，使地方政府及官员无所适从。当他们需要在上层政治政策动荡与底层社会之间选择时，他们采取了比较中立的态度，这与温州的地方政治传统有关。由于温州地理的封闭性和距离中央统治的边缘性，温州政治传统具有极为强烈的地方性特征。有人认为，这与温州的地理环境有很大的关系，尽管这种解释可能带有很强的地理决定论的色彩。温州78%的地方都是山区，境内三座东北—西南走向的山脉将温州和其他地区隔绝开来。温州在历史上也往往以"山高皇帝远"自称，历代王朝都感到对这一地区的控制十分困难。这些因素使温州获得了比其他地区更多的自主性。

但是进入20世纪90年代以后，温州地理上的隔绝已经被打破。通过航空、公路和铁路，温州与外界紧密地联系在一起。温州地方政府也正在转变过去的管理方式，积极地介入经济活动。首先，政府作为公共投资的主体发挥了越来越重要的作用。在20世纪80年代以前，温州的基础设施特别是交通设施比较落后，进入20世纪90年代以后，温州政府作为主导力量，兴建了大量的基础设施，空中交通和铁路交通投入运营，城市改造特别是建制镇的建设，极大地改善了温州的基础设施，为温州的企业特别是规模较大的企业的发展提供了良好的条件。与此同时，政府通过税收、信贷以及直接的行政支持，对企业的发展方向做出了引导，一些被政府选定的行业得到了更多的支持。例如，温州的制鞋业已经出现了一些较大的品牌，在政府支持下，温州也正逐步被打造为鞋城。

随着政府对经济活动的介入，政府的动员能力也在不断加强。在经济发展中，政府的财政动员能力提高很快。1981年，温州市的财政收入仅有1.8亿元，1991年增加到了9.9亿元，2001年已经达到了96亿元。在20世纪90年代，地方财政收入几乎增加了10倍。除了政府直接的财政动员能力之外，地方政府也通过各种渠道筹集资金，增加基础设施投资。在财政资金不足的地方，特别是在乡镇一级，通过民间金融筹集资金推动城镇建设已经成为普遍的做法。当然，政府的积极介入对企业的发展产生了两方面的影响：一方面，大规模的基础设施建设改善了投资环境；另一方面，基础设施投资来自当地的收入，最终会以地价和税收的形式由企业承担。这无疑会增加企业的成本，20世纪90年代后期，一些企业外迁，其原因之一就是在温州企业成本不断增加。据不完全统计，目前温州市在全国各地经商办企业的人数超过11万人，注册资本超过1000亿元。据统计，2002年仅柳市企业外迁资金就达到了17亿元。企业大规模外流，有市场区位因素的原因，但与温州投资环境的变化也有直接的关系。

近期一项对温州企业的调查研究表明，温州企业认为政府盲目干预市场对温州经济发展带来了很大的负面影响。70%以上的企业认为负担过重或较重，74%的企业认为温州存在着严重或比较严重的乱收费情况。地方政府认为可以凭借着自己的"看得见的手"来克服市场经济产生的种种弊端，也提出了"有所为有所不为"的适度政府的概念。所谓的"有所为"正直接影响着企业的经营活动和企业经营者的行为。在接受调查的107家企业中，有78家企业认为它们在生产经营方面遇到了困难，其中18家企业把困难的原因归结为"乡镇党政干部的干预"，20家企业把困难的原因归结为"其他部门的干预"。桥头镇纽扣市场是温州小商品市场的发源地之一，当初是从一个自发的市场发展起来的，1994~1995年发展到鼎盛时期。镇政府于1997年组织建设了一个新的纽扣城，但是新城还没有落成，市场就开始滑坡，1999年市场交易额几乎减少了一半。一些温州的企业经营者说："现在外地政府为经济发展是'用足用活政策'，而我们的一些政府'用足用活权力'。"就税收而言，由于许多地方纷纷出台各种税收优惠政策，温州的企业家更感到温州企业税负太重。多年来，民营企业所取得的增值税发票，不管有无盈利，均不能全部抵扣，许多企业只能抵扣销售额的70%。一些小型企业未达到基本纳税人的资格，不能取得增值税发票，税负更重，并且不能在银行获得平等待遇。与温州设卡加税相反，上海等地正在"拆围墙"。温州著名的天正集团的副总经理在分析公司去上海发展的原因时说："上海这几年正在'拆围墙'，欢迎外地的企业家去投资，出台了许多优惠政策。我们集团在上海可以享受'增值税返还，所得税两年减免一半'的优惠，这在温州是不可想像的。"

当然，政府干预对不同的企业产生的影响是不同的。如果从政府的角度看，不同企业与政府的关系是不同的，一些企业是政府需要支持的，这些企业与政府所预期的发展方向是一致的。另外一些企业是政府所不关注的，它们与政府设计的发展方向以及政府直接关注的利益并没有密切的联系。例如，有些企业对地方政府的财政收入没有很大的影响，或者它们也不足以为提高温州经济的整体形象做出贡献。一些小企业可能属于这类企业。当然还有另外一种企业，它们的存在影响了政府的发展计划，因而受到政府的反对。当政府的发展计划、产业政策被制定出来以后，不同企业的发展就会受到不同的影响。地方政府对中小企业关心不够，大多政策措施都是向大中型企业倾斜的，很少有制度措施是为中小企业服务的。如苍南县就把"基建投资 500万元以上，单个项目用地规模 10 亩以上，技术设备属同年代国内外先进水平且无污染"作为企业进入工业园区的基本条件。面对激烈的市场竞争和日益严酷的经济管制环境，温州经济面临着重组和升级的巨大压力。地方政府弃小抓大，采取了政府调控下的向规模企业发展倾斜的政策，并力图将原有的非正规制度加以规范化和制度化。

如果说在 20 世纪 80 年代，温州的民间社会为温州的发展提供了制度基础，那么到了 20 世纪 90 年代，政府在经济领域的介入已经是不可避免的现实。如果没有政府的强力推行，要想在金融、邮政、保险方面进行民营改革试点，是难以想像的。而且，这种强制推行如果没有上级的首肯，地方政府面临的压力是可想而知的。地方政府和民间自发突破的余地已经越来越小，原有的地方政府变通的政策空间越来越小。在全国各地纷纷走向市场经济、温州原来蕴藏在民间的优势相对减弱的今天，发展到一定程度的温州民营经济，比以往任何时候都更需要政府的服务、支持和引导。在一定程度上说，今后温州民营经济发展速度的快慢和质量的好坏，与温州政府的作为有着重要的关系。

第二章　温州的农村工业化与政府监管

温州农村工业化模式虽是中国经济转型中一个众所周知的发展路径，但已有的研究并没有将其经验置于发展理论研究的主要争论中。温州经验之所以被排除在主要争论之外，大概是因为温州在改革时代的迅猛发展与流行的传统经济发展理论相悖；温州的自然资源有限、地理位置偏僻、地方经济也未获得国家的投资。

第一节　温州农村工业化道路形成的原因

一直以来，许多人都把温州农村工业化看成一种异常现象或称之为"奇迹"。虽然如此，我们认为在更为宽广的研究框架和视角下考察温州的经验仍然是有价值的，因为对温州现象的解释对于理解中国改革进程中的各个方面具有重要的政策意义。

如果自由市场是推动温州农村工业化的力量，那么这就意味着自由的市场化政策值得推广至整个中国经济。如果温州的经济发展受益于其固有的文化底蕴，那么温州模式就不能被复制到其他地区。

官方银行信贷在温州私营经济发展中的作用微乎其微。大部分温州私营家庭作坊都是依靠民间融资和自我积累，它们至今仍面临经营和扩大规模的资金约束。[①]

因此，我们需要解释温州在改革开放初期农村工业化的基础上发展私营经济的事实，它的农村工业化的融资方式以及 20 世纪 90 年代发展情况的转变。温州相对于中国的其他地方来说，在农村工业化、金融创新和私营经济发展三方面都开始得较早，但是到了 20 世纪 90 年代末，这三方面特征分开来说已不再有特色或具有政治敏感度了，尽管温州私营企业和股份合作制企业的产值远远高于其他地区。再者，从纯经济角度来讲，温州许多专业市场在全国的市场份额已经下降，而且温州一些最富有的乡镇也丧失了它们早期的竞争优势。

本章我们将回顾一下温州在改革开放头 20 年的时间里农村工业化的发展，并以此为基础分析温州农村工业化道路形成的原因。[②]

第二节 温州地区农村工业化的奇特发展之路

温州以其独特的发展方式和独特的行为方式，创造了中国改革开放以来区域经济发展的一个奇迹。经过短短二十几年的发展，其生产总值由 1978 年的 13.215 亿元增加到 2001 年的 932.075 亿元，增长了近 70 倍，农民年人均纯收入也由 1978 年的 113 元增加到 2001 年的 4683 元，增长了 40 多倍。温州取得了令人吃惊的发展速度，并且它的发展不是建立在大量外部资金投入基础上的，而是在一个地理环境和自然资源都不具有比较优势的条件下依靠自己内生性农村工业化发展起来的。以温州为代表的以民营经济为主体的浙江经济，在国际和国内市场都很困难的条件下仍然保持了较高的发展速度，在与其他区域经济发展模式，尤其是地方政府主导的苏南模式的比较中，更

---

① 吴松弟. 上帝让温州人发财 [M]. 上海：复旦大学出版社，2004.
② 吴国联. 温州金融生态透析 [M]. 上海：上海三联书店，2006.

显现出其发展的后劲和活力。①

温州经济发展带给我们的启示和思考是多方面的，对我们重新审视社会经济发展中的诸多问题具有十分重大的理论和现实价值。在 20 多年的发展中，温州一直保持了比较高的增长速度，经济增长了 40 余倍，实现了从以农为主的社会向工业化社会的转变，人民摆脱了贫困，生活基本达到了小康，同时还为国家上缴了大量的税收。

如果我们仅仅考虑经济资源，温州的经济资源在过去的 20 年中并没有发生很大变化。温州既无自然资源优势，又无区位优势，地理封闭，工业基础又极为薄弱，在改革开放前几乎一穷二白。在改革开放以后，国家和外资也并没有在这里注入大量资金，经济的发展主要依靠当地人自身的积累完成。

温州农村工业的发展大体上经历了两个阶段。20 世纪 80 年代是温州模式产生和发展的阶段，这个阶段的主要特征是家庭工业迅速发展。政府对民间产生的各种经济组织形式给予了大力支持，为地方经济发展创造了尽可能大的空间。这个阶段，在家庭工业的基础上，许多新的企业组织形式被建立起来，包括挂户经营、股份合作制；地方性的市场已经形成，在一个区域内，家庭工业分工合作，形成了专业化的生产基地，并在此基础上形成了集生产和销售为一体的专业化产销基地；随着产业的聚集，温州的小城镇建设开始初露端倪，原来的农民不仅离开农业，也离开了农村。20 世纪 80 年代是温州草根企业发展的黄金时期，那时温州企业的规模普遍很小、技术含量很低、投资少。直接和间接的民间金融活动为温州的农村工业提供了重要的支持。那时温州的交通条件还很差，在地理位置上相对隔绝，但是与全国市场又紧密连接在一起。

进入 20 世纪 90 年代，温州政府提出了二次创业的口号，要重新树立温州商品的形象。为了提高温州产品的档次，政府积极地干预了经济发展，对规模较大的企业给予了重点支持，包括企业用地、资金供给等方面。许多规

---

① 吴国联．温州金融生态透析［M］．上海：上海三联书店，2006.

模较大的企业成为国有商业银行的客户，它们可以比较方便地得到贷款。它们多数离开了农村地区，搬迁到了城镇。在二次创业的口号下，政府在经济发展中起着越来越重要的作用。在强调"上规模、创名牌"的发展过程中，小企业的发展被忽视，它们面临着越来越多的发展困难，特别是那些还在农村地区的小企业。随着正规金融机构越来越多地集中到城镇地区，农村企业从正规金融机构获得贷款的可能性越来越小。但是温州经济的发展并没有因为政府干预的增强而完全失去原有的特色。尽管政府越来越多地关注规模企业的发展，但是在政府视野之外，家庭式企业仍然继续运转，只是比过去更为困难一些。民间金融活动也依然在工业发展中起着重要的作用。所以从 20 世纪 90 年代的发展来看，一方面可以看到温州模式与典型工业发展道路趋同的发展趋势，企业越来越正规化，另一方面仍然可以看到温州地方特色得以继续保持，只是往往被认为是过时的内容，不再引起人们的注意。

第三节 温州经济发展的文化内涵

毫无疑问，温州之所以引起广泛的关注，是因为它在发展过程中逐渐形成了自身的发展特色，对于 20 世纪 80 年代温州模式的特征，研究者们进行了许多总结，这些总结主要集中在以下几个方面。

一、温州经济发展的文化背景

很多人从温州独特文化背景的角度来解释温州发展的独特性。事实上，当一个地区表现出与其他地区不同特色的时候，文化往往成为经常使用的解释变量，因为文化往往是独特的，不可复制的。但是，在这里我们不能同意两种解释：第一种是文化决定论，似乎一种文化就决定了一个区域唯一的发展方式，反过来说，不具有这种文化特征，就不能产生这种发展方式。第二种是庸俗的唯物主义，似乎只要具备了一定的物质条件，就必然会走向某一种发展道路。在对温州发展历程的解释中，这两种解释方式被奇怪地混合在一起。一方面，人们强调温州自然资源的贫乏和政府投资的不足导致温州必然选择这样的发展道路；另一方面，人们又强调温州人独特的精神在温州发展中的作用。

文化作为发展的资源，对发展起着重要的作用，包括决定发展的方式，为这种发展方式提供社会文化资源；同时发展又在强化或改变原有的文化。从温州发展历程中可以看出文化与发展的互动。传统文化因素和现实经济结构及其发展因素之间是一种相互影响和作用的辩证关系。

二、温州经济发展的地理历史环境

温州地处浙江省南部，从地形上看，温州地势西高东低，三面环山、一面临海，在历史上是一个交通十分闭塞的地区。全市土地总面积为 11.784 平方公里。其中山地占 78.2%，平原占 17.5%，海岛占 1.5%，江河面积占 2.8%。因此，民间称温州的自然地理资源概貌是"七山一水二分田"。比以人多地少著称的苏南或珠江三角洲地区还少一半。温州农民迫于生活的压力，不得不从土地以外去谋生路。历史上温州人就有外出经商的传统，手工业匠人也特别多。

温州经济之所以能够选择一种私有化的改革发展路径，是与改革开放前独特的社会主义改造史和当时温州极为特殊的社会经济条件相联系的。市场经济发源于我国计划经济力量相对薄弱的温州一带，并非偶然。其根源在于，改革开放前 20 多年的社会主义改造并没有改变温州传统的社会结构和文化基础。

历史上的温州，人多地少，农家一向并非以单一农业耕作为主，多数农村家庭要依靠家庭手工业或外出从事手工业维系生活。因此，温州城乡历史上各种家庭手工业十分发达，经商小贩众多。1949 年以后，温州和全国其他地区一样，被逐步引上了计划经济的轨道。在国家垄断了经济资源的情况下，温州由于地处海防前线，政府在这里的投资很少。1949～1981 年，国家对温州的固定资产投入只有 6.55 亿元，仅为杭州的 1/10，宁波的 1/5。人口的增加和统购统销政策的实行，加上国家没有通过增大投入和实现工业化来解决温州人的吃饭就业问题，使温州的人地矛盾激化。温州本地资源的人均拥有量少，改革开放前人均耕地仅为半亩。因此，直到改革开放前夕，温州经济除了在 20 世纪 50 年代初期曾一度有了恢复性的高速发展外，一直增长乏力。1957 年温州的工业总产值与宁波基本相当，到 1980 年却只有宁波的 41.79%。同时，在长期的城乡分隔体制下，温州农村的经济状况更加糟糕。在 1957～1976 年的 20 年间，全市经济的年均增长率仅为 1.98%，以至于在 1976 年，温州地区工农业产值只有 11.98 亿元，其中工业产值占 46%，低于农业产值。从此数量比重上看，温州还属于前工业化经济的地区。全市人口约有 537 万人，但是财政收入只有 3708 万元。温州过去是"穷出名，乱出名"的地方。到 1978 年，温州的工农业产值为 18.97 亿元，其中工业产值只有 10.01 亿元，地方财政收入只有 1.35 亿元，农村人均年收入只有 55 元。当时曾经流传这样一首民谣，"平阳讨饭，文成人贩，洞头靠借贷吃饭"，真实地反映了当时温州农村的贫穷状况。

第四节　地方政府的特殊角色

进入 20 世纪 90 年代，温州的经济结构已经发生变化。这种变化主要表现为：

首先，温州已经不是私营经济发展的孤岛，其他许多地区提供了更为优惠的政策。从这个意义上说，原来温州相对封闭的地理环境曾经对私营经济的发展提供了保护，现在这种地理环境对某些产业来说则是发展障碍。尽管在 20 世纪 90 年代温州的交通状况有了很大的改善，但其地理位置仍然是相对偏僻的。一些企业开始外迁。如果说温州一直有外出传统的话，那么过去往往是人出去，但是所挣的钱却会流回温州，而企业外迁却是温州资本的外流。资本外流一方面反映一些企业距离国内和国际市场更近了；另一方面也反映了温州生产成本的增加。

其次，温州农村工业向城镇和工业开发区集中的趋势越来越明显。随着温州小城镇的建设，越来越多的农村工业离开农村转向城镇。在城镇工业开发区，企业更容易得到土地，基础设施也更完善，更适合企业的发展。截止到 2000 年，温州市特色工业园区发展迅速。据初步统计，全市现有在建审批的特色工业园区共 15 个，总投资额 25 亿元，规划总用地约 4000 亩。随着较大规模的企业纷纷进入城镇，农村地区的企业发展越来越困难，在农村地区，征用土地建设厂房很困难，筹集资金也很困难，甚至拿到企业订单都比城镇更困难，所以现在保留在农村地区的往往是一些规模很小的企业。

随着温州经济的发展以及政府的支持，较大规模的企业获得了更好的发展环境。1999 年市委的工作报告中明确提出了"全力实施'产业升级计划'，加快经济结构调整的步伐。结构调整是经济发展的主题。要以产业结构合理化、产业组织高级化、产业关联协调化为战略目标，按照优化稳定第一产业，调整提高第二产业，加快发展第三产业的思路，积极搞好产业结构调整，努力完成'产业升级计划'的年度任务"。在这种思路下，较大规模的私营企业和股份合作制企业得到了更快的发展。

20 世纪 90 年代后期，进入人们视野的主要是温州的大型私有企业，但是在上规模、上档次的背后，支撑温州经济发展的仍然是小企业。在这些小企业的运行中，由地方文化和地方传统支持的非正规制度也还起着重要的作用，尽管它们的生存条件可能比过去更困难了。

在强调企业上规模、上档次的同时还存在另外一条思路，就是强调小企业的作用。进入 20 世纪 90 年代后期，小企业的发展受到越来越多的重视，人们开始不再将小企业单纯看作落后、需要被取代的企业形式，而是看到了小企业在推动经济成长、解决就业，乃至提高企业技术含量方面的重大作用。

特别是许多国有大型企业越来越不景气，许多企业工人下岗，小企业被认为是解决下岗职工的重要途径。这个时候，一些国际经验被引入到国内，一些新的企业制度被建立起来，各地政府也试图为小企业的发展创造好的条件，解决其所面临的问题，比如一些地方建立了中小企业孵化器，为中小企业提供注册、场地和经营的一条龙服务。为了解决中小企业融资难的问题，各地由政府推动建立了中小企业担保公司。21世纪初，温州市政府也推动成立了温州市中小企业担保公司。

实际上，在推动中小企业发展过程中，温州原有的经验能够给各地，包括温州自己今后的发展提供很有意义的借鉴。

第五节　农村工业化的金融支持与金融监管

一、温州农村工业化对民间金融的依赖

对于温州的农村工业化来说，民间金融是不可或缺的。但同时，随着市场经济的发展，民间金融也面临许多困难，新的环境也给民间金融带来了许多新的问题，解决这些问题是非常重要的。

温州农村工业化对民间金融的依赖是由其发展道路所决定的。在金融研究中，人们习惯于将金融活动区别为需求与供给，但是我们在研究温州民间金融与农村工业化的关系时很难做出如此简单的区分，因为农村工业化与民间金融的发展是同一个过程，它们是互为因果的。[①]

第一，温州是在几乎没有外部资源进入的情况下开始发展农村工业的，温州农村工业化的资金主要来自当地的投资，这就需要一套机制来筹集资金，

---

① 晓毅，蔡欣怡，李人庆．农村工业化与民间金融——温州的经验［M］．太原：山西经济出版社，2004：191.

为农村工业化提供金融支持。而来自银行的投资至少受到三个方面的限制，不能满足温州农村工业的需求。①受到银行信贷计划的限制。由于银行的贷款额度主要来自上级银行的计划，而在大部分时间这些计划大大低于当地的资金需求，也正是这个原因，在农村工业化迅速发展的20世纪80年代，温州的银行曾经通过拆借的方法来解决当地银行资金不足的问题，但是不久就被停止了。②银行的正规化服务很难满足当地中小企业发展的多样性资金需求。温州的许多企业都是从很小规模开始的，它们有多种多样的资金需求，而这是正规金融机构很难满足的。③温州的农村工业化是从个体私营企业发展起来的，在20世纪80年代初，受到所有制的限制，这些企业不能像国有企业或集体企业一样得到银行的贷款支持。因此依靠银行的资金根本难以支持温州的农村工业化。

随着金融制度和金融体系的改革，正规金融在温州发挥了越来越大的作用，一方面随着金融改革的深化，温州的金融机构为企业提供了越来越好的服务，特别是一些新贷款产品和非贷款产品的出现，密切了金融机构与经济发展的关系，促进了金融与经济活动的良性互动。另一方面温州的金融机构越来越多样化，已经不是原有四大银行一统天下的格局。许多金融机构开始进入温州。但是不管正规金融如何发展，它们都不可能完全代替民间金融，民间金融仍然发挥着重要的作用。因为对于多数民间金融客户来说，它们还没有建立也很难建立现代的企业制度，从而也没有现在的企业信用，不管温州银行系统的金融改革如何深化，这部分民间金融的客户都不可能转变成正规金融的客户。

第二，温州农村工业在起步阶段规模都很小，很少有规模很大的企业，所以进入成本较低。较低的起步决定了参与农村工业化的普遍性，因此从事家庭工业生产的个体私营企业很多，这就造成了资金需求的普遍性，同时也造就了众多的资金持有人。这种资金需求和供给的多元化和分散化是造成温州民间金融发达的一个很重要的条件。正是因为进入的门槛比较低，所以从事家庭工业的人员就比较多，他们每个家庭都积累了一些资金，但是每个家庭的资金往往并不是很多，他们希望将这些资金投放出去赚取利息，这就是许多企业在民间金融市场上筹资的时候要通过很多渠道才能获得足够资金的原因；同时因为进入的门槛很低，所以有很多人通过民间金融筹集金就可以开办一些小企业，一位农村妇女只要组上几个会就可以开办一个简单的加工企业。民间金融与小企业的分散发展形成了互为因果的关系。

尽管到20世纪90年代以后温州企业的规模有所扩大，经营走向正规化，创办企业的门槛也有所提高。但是小企业在温州仍然是就业的主体，为小企业发展创造良好的条件仍然十分重要。当然，温州也还会面临新增人口的创业问题，而民间金融是降低创业门槛的重要工具。一个不支持新建企业的经济是缺少活力的经济。

第三，温州丰富的文化资源为民间金融的发展提供了基本的背景。实际上，许多民间金融活动并不是20世纪80年代以后独创的，它们在历史上早就存在，只是在农村改革以后又进行了改进。如组会在温州历史上就有很悠久的传统，其服务于农村工业化的时候，只是规模扩大了，时间延长了。另外如钱庄、基金会等实际上可以追溯到新中国成立之前的私营钱庄。正是这些原有的组织形式为温州民间金融的发展提供了基础，不仅为其提供了丰富的组织形式，也为其提供了人才储备。例如，温州组会很普遍，甚至一些目不识丁的妇女也可以同时参加几个会，但是她们可能并不清楚会单上的利息是如何计算出来的，社区里有一些专门帮助她们计算利息、制定会单的专家。此外，更重要的是，文化传统为人们提供了相互信任的基础和民间金融中的社会规范。在一个人们相互熟悉的社区内，长期形成的社会规范为民间信用提供了基础；而在民间社会上形成的关系网络，包括亲属和朋友都为民间金融的流通提供了渠道。

温州的文化不仅在过去的发展中起到了重要作用，而且在今后还会起重要作用。所以在强调企业制度创新的过程中，也不能忽略温州本土文化。也就是说，提升温州的整体形象要与建设温州特色的经济结构相结合。在这种特色的结构中，民间金融将是一个重要的组成部分。

第四，地方政府对经济发展的追求也为民间金融发展提供了条件。温州地方政府对民间金融多采取鼓励和支持的态度，并在民间金融的发展过程中不断创造条件使之逐渐正规化，形成便于管理的机构。尽管这种努力往往会被来自上级的政策中断。当然，地方政府并非仅仅为民间金融提供了富有弹性的空间，实际上，凡是经济领域的创新它们都给予了很大的支持，包括对个体私营企业，对民间金融富有弹性的政策空间只是其中一部分。

自20世纪90年代末期对基金会进行整顿以后，温州地方政府对农村信用社的支持力度不断增加，政府承担了农村信用社因为将基金会合并进来而形成的潜在损失，并将一部分政府资金转入农村信用社。政府对农村信用社的支持是因为在整顿基金会的过程中，农村信用社有潜在损失，但更重要的是，农村信用社是地方性的金融机构，其发展与地方经济有着非常密切的关系。可以设想，在促进地方经济发展的目标下，地方政府会给予民间金融更多的关注。

二、农村工业化过程中所面临的金融监管问题

温州的经济发展过程中面临着两方面的问题：一方面是金融制度与当地经济发展之间不适应所带来的问题，另一方面是随着经济发展，民间金融所面对的新环境和新问题。毫无疑问，民间金融还将长期存在，因此关注民间金融的健康发展是我们研究的主要目的之一。而民间金融现在也面临着新的环境，一些民间传统的管理方式已经不足以解决这些问题，需要一些新的制度支持。

对于温州的企业来说，经济发展中的一个重要问题是小企业的发展越来越难。温州的农村工业发展带有两个明显的特点：一是规模小，二是非正规。很多企业没有自己的品牌，甚至有一些企业都没有正式注册。尽管这些企业不正规，但是充满了活力，这构成了温州模式的重要特征。

但是温州提出第二次创业的目标以后，政府要提升温州形象，因此企业的上规模、创名牌和正规化经营被政府作为主要的目标，包括资金在内的支

持主要集中到了规模较大的企业上，小企业的发展受到了很大的限制。原来的小企业以及小企业之间社会化分工的发展受到了很多限制。被访问者普遍感到，现在年轻人已经不可能像他们的父辈那样创业了。小企业发展受到限制可能会在很大程度上降低温州经济发展的活力。尽管政府已经将发展上规模的企业作为主要的发展方向，与较大企业相比，每一个小企业的产值都显得微不足道，但是在解决就业问题乃至提高社会公平程度方面，小企业都有比大企业更大的优势。所以在企业正规化、上规模的过程中，如何保持小企业的活力，降低创办企业的门槛将是一个很重要的问题。

此外，民间金融所面临的环境也有了很大的不同。在市场经济发展过程中，经济结构和社会结构的变化对温州的民间金融都会产生很大的影响。

首先，原有的民间社会规范的功能在弱化，由于人员和资本的流动，经济活动已经远远超越了社区的界限，原来基于社区范围的民间信用很难起到原有的作用。这无疑影响到了民间金融活动。民间金融主要基于对个人的信任，而正规金融则依赖于企业的信用，现在我们还没有关于个人的信用记录。由于缺少个人信用记录，失信的人就很难受到惩罚。过去的惩罚主要基于民间社会规范的压力，但是现在人员流动频繁，社会规范的应用范围很有限，所以失信的人几乎不会受到惩罚。在一个信任日渐受到破坏的社会中，最先感受到压力的就是民间金融活动。

其次，原有的民间金融客户信息收集系统也出现了问题。过去民间金融主要是在一个熟人的社会中活动，它们对于客户的了解是比较容易的，但是随着农村工业跨地域流动和经营复杂化，再加上一些企业家本身制造虚假信息，比如在企业经营不景气的时候装作经营很好，贷方就越来越难判断企业的经营状况，这也为民间金融带来了困难。

当然对民间金融造成最大危害的还是欺诈，大规模的欺诈如抬会，小规模的欺诈如故意欠债不还。过去这些问题都是由政府出面解决的，但是政府往往是在事后介入，很难预防此类事情的发生。这些事情对民间金融的正常活动有致命的危害。每出现一次影响较大的金融欺诈事件都会使民间金融活动萎缩。日常生活中人们之所以很少发生欺诈活动，是因为社区的规范制约着人们的行为，由于依靠法律解决问题的成本会很高，所以并不依靠法律制约人们的行为。例如，有些会拖欠或拒付会金，但这很难通过法律手段或行政手段解决。尽管因为金额很小且涉及面不大，不会造成很大的社会影响，但是会对社会中的信任造成很大的危害。小的欺诈事件往往在政府的管理范围之外。在民间信用减弱的时候，依靠行政力量的介入并不足以建立一个规范的民间金融市场。

当然，随着一些制度化民间金融机构的出现，民间金融出现了新的形式，如基金会、中小企业担保公司等，但是这些制度化水平较高的金融机构也在不断遭遇政策问题。这种问题首先来自政策的不稳定。关于民间金融的政策在过去发生了多次变化，这使民间金融很难有一个稳定的预期，在某种程度上造成了其经营中的短期行为。另外，民间金融机构与国有银行之间的竞争往往是在不平等的基础上进行的。比如国有银行更容易吸收低成本的存款，如大部分的对公存款是不需要支付利息的；它们有更好的网络，所以更容易争取到好的客户。面对不公平的生存环境，民间金融机构往往通过一些变通的方法，采取隐蔽的手段与正规金融机构竞争，如变相提高利率吸引储蓄以及向银行少缴或不缴准备金等。这种隐蔽经营造成了金融活动的不透明，增加了它们的风险。

三、政府在金融监管中的对策和建议

（一）政府对民间金融活动的监管和规范

民间金融主要存在于政府的管理视野之外，因此不可能将民间金融完全置于政府的管理之下，但是政府的政策仍然可能对之产生重要的影响。我们认为在对待民间金融的问题上要从两个方面着手：首先是不断深化金融体制改革，使正规金融的服务得到改善，具有更强的竞争能力，也就是说，使正规金融能够更全面地提供金融服务，从而替代一些民间金融的职能。其次要为民间金融的发展创造良好的条件，使民间金融能够规范有序地发展。第一个方面不是本书研究的重点，并且已经有许多的研究成果出现，我们更关注的是民间金融的健康发展。

要认识到民间金融在农村工业化的重要作用，对民间金融采取支持的态度，而不是取消。事实上，民间金融活动是不可能被取消的。对其采取取消的政策只能使它们从地上转入地下，这无疑会增加民间金融的风险。明确和稳定的政策是民间金融正常发展的基本条件。为民间金融提供一个明确而稳定的政策可以为基层的民间金融活动提供稳定的信心，为一些民间金融从业者提供长期发展的预期，同时也为政府各部门提供制定具体政策的依据，从而为民间金融发展提供良好的政策环境。

对于民间金融，最大的威胁还是来自民间信用的破坏。在社区越来越不能限制人们活动范围的情况下，建立一种市场化的信用制度，包括信贷风险评估制度可以帮助民间金融市场上的中小投资人降低风险。在这方面可以借鉴社会安全号码制度，形成个人的信用记录，并且这种记录在全国是通行的，从而防止因为社区规范压力降低所带来的失信和欺诈。在建立信用制度的同时也要提高企业的透明度，特别是对中小企业，建立实用可行的评估机制。对于民间金融来说，制度化的信用和评估并不能代替其非正规的信用评估，双方应逐渐契合，共同促进社会信用的建立。

建立民营的银行可以起到引导民间金融发展，规范民间金融机构的作用。现在温州的金融体制改革正在逐渐允许民营资本进入金融领域，以股东资金为主的城市信用社已经转为城市商业银行，一些全国性的银行也在尝试向民间资本开放，这当然会吸引一部分民间金融资金。但是仅仅有民营的银行还是不够的，因为民间金融的优势在于多样化，所以靠简化民间金融的形式来规范民间金融是不可取的。应允许民间资金有多种投资渠道，以多种形式存在。

积极倡导民间组织的产生，从而形成民间金融自我规范和管理的环境。多数民间金融活动是在政府管理视野之外的，不能依靠政府的力量进行规范，需要社会自组织来进行自我约束。同业公会或联合会可能是一种形式，可以起到行业内部自我管理的作用，但是多数的民间金融还没有形成行业，因此仅仅靠金融机构的行业协会并不能覆盖所有民间金融活动。在同业公会或联合会之外要努力发展地方性的自治组织，加强市民社会的建设。

总体来说，对于民间金融要逐渐形成一个有序的环境，为那些制度化水平比较低的民间金融创造一个良好的环境，同时要为民间金融逐渐提高制度化水平开放必要的空间。

要改善中小企业的金融环境，解决中小企业的融资困难。为此，可以采取多种途径。对于正规金融机构来说，要适当降低信贷的决策层，使基层的银行有更多的决策权。为了提高贷款质量，许多银行的决策权都向上收缩，这种措施不仅不能改善贷款的质量，而且会将许多经营得很好的小企业排除在信贷服务之外，因为上级银行往往只能根据报表和数字来判断客户的质量，而数字的形成和传递过程中往往会损失很多真实的信息；同时高层决策不可能关注众多的中小企业，而只能关注一些规模较大的企业。将决策权力下放，使信贷员有更多的主动性，信贷员可以利用其当地的本土知识判断客户的信誉，从而为中小企业提供比较好的信贷服务。

发展多种投资机构，为中小企业的创建和发展提供支持。发展中小企业担保公司是一种方式，在此之外还可以通过建立投资公司来支持中小企业。面对中小企业的多种金融需求，现有的银行贷款是远远不能满足的，所以建立多种形式的投资机构以支持中小企业的发展就显得十分紧迫。在温州一些规模企业不断外迁的情况下，为中小企业提供良好的发展环境就显得十分重要。

在缺少竞争的环境中，中小企业很难得到金融服务。只有建立一个公平的市场环境，在金融领域引入市场机制，才能为中小企业提供良好的服务。这包括引入有弹性的利率机制，从而使为中小企业提供贷款所多支付的成本能够通过利率得到回报。因为中小企业是分散的，且贷款规模较小，所以为中小企业提供贷款往往要支付较高的成本，这也是银行机构不愿意向中小企业提供贷款的原因之一。通过有竞争力的利率可以吸引更多的金融机构为中小企业提供更好的金融服务。形成竞争机制还要允许民间资金多方位地参与金融活动，包括现在正在开始的民营资金参股银行，也应允许建立民营银行，从而形成金融领域内的有序竞争。

现有的金融机构已经纷纷离开了农村地区，甚至农村信用社也已经转移到了城镇，农村地区主要依靠制度化水平较低的民间金融在支持。人们希望依靠改造农村信用社以提高农村地区的金融服务水平，但这是远远不够的。不管是将农村信用社改造为农民的合作金融组织，或者将其改造为地方性的银行，都不可能使之成为专门服务于农村地区的金融机构。在温州这样的经济相对比较发达的地区，首先要建立城乡一体化的金融体系，不能简单地将城乡分割开来。要通过开发新的金融产品提高对农村的金融服务，而不是建立相互分割的城乡两套金融体系。其次要加快对农户信用等级的评定，在此基础上增加信用贷款的额度。对农村地区的金融支持不应该只是政策性的贷款，要使农村地区成为吸引金融机构的地方需要在农村创建灵活的金融机制，包括灵活的利率。

可以开发一种适合小企业需要，不是以扶贫为目标的小额信贷制度。作为一种扶贫的金融产品，小额信贷在国内已经取得了很好的经验，但是作为一种常规的金融产品，现在还没有做出探索。借鉴小额信贷扶贫的经验，开发一种新的金融产品，为小企业，特别是农村地区开始创业的小企业提供支持是很有意义的。

小额信贷的一个重要贡献是将民间信用与正规的金融制度结合在一起，在温州这样具有浓厚民间信用传统的地方，探讨如何将民间信用与正规制度相结合，不仅可以扩大金融机构的服务范围，而且可以提高贷款质量。

（二）温州经验的意义

温州的经验并不只适用于温州地区，尽管其经验带有很强烈的地方特色。如果我们不是仅仅考虑温州民间金融的具体形式，那么可以看到温州经验具有广泛的普适性。

地方传统在经济发展中起到很重要的作用。农村工业化不是简单地将工业以及工业的组织形式引入农村地区，而是在原有社会传统的基础上发展起来。对于一个地方所存在的民间金融形式要加以保护性的发展，而不是简单地用外来的金融机构取代它。在许多不发达地区，外来金融机构的作用只是将当地的资金通过储蓄的形式转移到经济相对发达的地区，而不能为当地提供很好的金融服务。

在各地农村工业化进程中，面临的共同问题是资金短缺。解决资金短缺的问题首先要动员当地资源，而当地原生的民间金融活动可以为当地的资源动员提供有效的工具。尽管不同地区民间金融的组织形式不同，普及范围不同，特别是近代正规金融机构进入以后所受到的破坏程度不同，但是这些民间的资源都是很重要的。因此温州的经验并不是告诉人们有什么样的具体民间金融组织形式可以利用，因为不同地区的传统资源并不相同，而是告诉人们传统的资源在农村工业化的过程中有着重要的作用，需要加以保护利用。

无论是正规金融还是民间金融都需要在一个共同的市场中发展。农村工业化是一个小企业创业发展的过程，在这个过程中，一方面资金需求旺盛，另一方面小企业很难得到金融支持，因为对小企业的支持意味着比较高的成本。温州的经验表明，市场化的利率可以使金融服务根据不同的成本制定不同的资金价格，从而保障对小企业的金融服务。人为地压低利率水平或对利率采取严格的管制都不利于小企业获得金融服务。

现在回到我们在本书最前面所讨论的问题，农村工业化是中国农村发展中面临的共同问题，而在农村工业化进程中缺少有效的金融支持也是普遍存在的情况。如果不动员地方资源，尤其是蕴含在地方传统中的文化资源，仅仅简单地从外部引入市场机制是不能成功的。同样，地方政府在营造适合本地的发展环境中，具有重要的作用。

第三章 温州的民间金融

温州的民间金融在全国独树一帜，在温州的经济发展中起到重要作用。那么温州的民间金融是怎样发展起来的，主要有哪些类型；它们又是如何运行的，温州的私营企业家是如何解决融资问题的；20 世纪 90 年代正规金融系统迅速商业化以后，温州的民间金融为什么会继续存在，这些是本章要讨论的问题。

第一节 民间金融的类型

一、民间借贷

这是最基本的和随意的民间金融形式。任何人，包括那些不从事工商业的人也会因为中短期需要而向其他人借钱。这些借贷可能被用于日常的小额开销，也可能被用于包括结婚、丧葬、建房等大额度的支出。在工商业活动中，如果民间借贷额度比较大，那么往往要支付利息，因为人们都明白工商业者需要保持资金的流动：资金被借出去了，借出钱的一方就无法使用这些钱。不管是不是收取利息，民间借贷往往都有一个共同的特点，就是借贷双方往往要存在亲戚关系、社会关系或生意网络关系。陌生人之间很少发生借钱的行为。民间借贷中，贷方往往认识借方。在所有民间金融活动中，无论对于金融监管者还是对于企业经营者来说，民间借贷都被认为是没有什么害处的。民间借贷往往被看作比较简单的、小规模的和没有高利盘剥的交易。几乎所有的人在某一时候都可能从亲戚朋友那里短期地借入或贷出一些钱，这是民间自发产生的解决资金流动障碍的方法。大额度的民间借贷也可能具有类似的社会特征，因为它们也同样依赖借贷双方关系的支持。有时尽管贷方对于借款人按时归还贷款的能力并没有信心，但是仍然贷款给他。民间借贷背后的社会动机包括善意的表达、责任、压力、互惠的期待，有时也包括牟利。

尽管民间借贷往往是基于友好的关系，但有时也会基于社会原因而变得非常复杂。一般来说，额度越小、借期越短，民间借贷越可能不征收利息。但是，当向家庭以外的成员借钱时，借款人往往认为有义务感谢贷款人，这些感谢可以通过请吃饭、赠送小礼物或者帮助贷款人做些事情来表达。事实上，如果借贷双方不是来自同一个家庭，那么得到贷款而不表示感谢会被认为是非常不礼貌的。如果贷款的额度很大，周期较长，那么除了用一些实物表示感谢之外，往往要按照商业银行的存款利率支付利息。特别是被借钱的人如果自己没有足够的钱，为了满足借钱人的需要不得不从其他人那里转借（或者声称要从其他人那里转借）时，就更需要支付利息。换句话说，民间借贷是建立在借贷双方个人关系上的，但如果要追溯贷款的最初来源和资金使用，很明显，这种关系就不仅仅是一对一的关系了。当然，我们并不是说在所有民间借贷中都会有这种借款人同时也是贷款人的中间人出现，而是说，一旦出现这种第二个或第三个中间人，两个当事人之间的借贷关系就会大大复杂化了。总之，我们可以从复杂程度的高低来看民间借贷关系，从简单、小额、短期和不需要支付利息的民间借贷到需要支付利息并经过中介的大额且付利息的借贷。那些大额的且需要支付利息的借贷与我们下面要讨论的商业化信贷似乎很相像，但是当人们谈到民间借贷时，更多指的是它所依赖的社会关系，而非单纯出于金钱上的考虑。

二、行业信贷

在商业圈内，行业信贷是指已收到货物但推迟支付货款。例如，批发商每月向零售商提供商品，双方都知道零售商不可能立即向批发商付款。行业信贷往往都不会推迟很长时间，一般在一个月内，其主要作用是帮助零售商解决短期资金周转不灵的困难。虽然一些流动商贩可能会为一些老顾客提供这样的优惠，但是这类行为主要发生在同一部门或同一地区内。供货商提供行业信贷的主要原因是他们相信客户有能力卖出货物并且最终付款。提供行业信贷表明供货商与客户具有可靠的商业关系。

行业信贷一般不需要支付利息，但如果零售商不能支付未售出货物的货款，那么供货商有权利收回未售出的货物。从这个意义上说，提供行业信贷与享有货物所有权有间接关系。当然，如果零售商已经将货物售出，但是仍然不能（或者不愿）偿付货款，那么双方的关系就会紧张甚至破裂。然而，除了为数不多的有意欺骗之外，这种情况的发生往往是因为零售商遇到了严重的经济问题，濒临破产或者已经破产。如果所有的人都知道某个小商贩有意利用行业信贷欺诈，那么他在商圈中的声望就会受到很大的损失，其他的供货商将来就不会再为他提供行业信贷。

三、股份合作制企业

到了20世纪90年代，一个更合法的多方筹资办法是建立股份合作制企业。股份合作制意味着将不同投资者的资金汇集在一起使用。与公开上市的股份公司不同，股份合作制企业的股份不能在正式的股票交易市场上交易，股份只能被关系密切的合伙人拥有，他们在企业中拥有大致相等的股份。在1990年发布的《中华人民共和国农业部农民股份合作企业暂行规定》中，股份合作企业被定义为"有三户以上劳动农民，按照协议，以资金、实物、技术、劳动力等作为股份，自愿组织起来从事生产经营活动，接受国家计划指导，实行民主管理，以按劳分配为主，又有一定比例的股金分红，有公共积累，能独立承担民事责任，经依法批准建立的经济组织"。许多股份合作制企业是从合伙企业或联户企业发展而来的。在下一节我们将讨论一个企业家，他早在 1966 年就开始经营私营合伙企业，并成为 1949 年以后第一个发行私营企业股票的企业家。他开办了一家私营的金融服务社。

四、私人钱庄

在中华人民共和国成立以后不久，私营钱庄就被取缔了，但是在 20 世纪 80 年代中期，私人钱庄又在温州兴起。最早由方培林开办的方兴钱庄在温州的苍南县广为人知，因为它在 20 世纪 80 年代后期引起了很大的争论。方培林的钱庄是在工商局以个体工商户的名义注册的，这就意味着方培林的钱庄被视为工商企业而不是金融机构，因为金融机构的设立是需要经过人民银行批准的。事实上，方培林的私人钱庄不顾人民银行的规定，从社会吸收存款并以较高的利息放贷。他的钱庄基本上是全天 24 小时、每周 7 天营业。其他的金融企业家也纷纷效仿，建立私人钱庄，不仅内部相互竞争，而且与各种正规金融机构竞争。当时的人民银行行长陈慕华在访问温州的时候已经指出私人钱庄是非法的，私人钱庄在国务院颁布《银行管理暂行条例》以后被禁止，但是随后又恢复经营。私人钱庄被彻底禁止并停止活动是在 1989 年后期对经济环境严格限制以后。在被禁止之前，温州共有 26 家私人钱庄。尽管私人钱庄是非法的，但是到了 20 世纪 90 年代，它又以城市信用社和农村基金会的方式重新出现，城市信用社和农村基金会都是由私人管理和拥有的。20世纪 90 年代基金会整顿以后，大多数的城市信用社被转为城市商业银行，而多数的农村基金会则被并入农村信用社。尽管表面上私人钱庄被转化为正规金融机构，但事实上私人钱庄并没有被根除。

虽然真正被批准营业的钱庄数量并不多，融资规模也并不是很大，存在的时间也不长，但是私人钱庄的出现在温州引起了很大的争论并形成了很大的影响。关于私人钱庄的政策被认为直接反映了政府对民间金融的态度。

五、地下私人钱庄

除了公开经营的私人钱庄外，事实上还有一些以不同机构名义存在的地下钱庄。比如我们得知，在永嘉县的一个乡镇，在 20 世纪 90 年代的早期，村庄的老人协会也从事吸纳资金和放贷的活动。在温州，许多村庄都有老人协会负责组织老年人的各种社会活动，包括新年的聚餐和各种娱乐活动。许多老人协会就设在祠堂边或祠堂里，这样老人协会就自然成为老人聚会、娱乐、聚餐以及祭祖的地方。一些有经营头脑的老人协会也就同时做一些生意或者从事借贷活动。在开始的时候，老人协会的资金借贷都被限制在老人协会成员内部，而且借贷活动本身也只是为了应急或者其他的社会目的。但是在富裕的村庄，一些退休的老人逐渐发现，将钱借给私营企业比存在银行可以得到更多的利息。同时，由于人民银行对非法金融活动的清理越来越严格，一些年轻人也认识到老人协会可以起到钱庄的作用，因为其他形式的钱庄都已经被迫转入地下并采取贴息的办法，也就是在贷款的时候就预先扣除利息部分。

除私人开办的农村基金会和金融服务社以外，中农办也建立了由自己管理的农村基金会。到了 1996 年，各种农村基金会达到了 200 个。1999 年 3 月，作为全国金融秩序整顿的一部分，国务院决定开始整顿农村基金会，资产质量不好的被迫关闭，资产质量较好的被并入农村信用社。从 1999 年 8 月起，在温州开始的金融整顿共查处了 225 家非法金融机构，包括 110 个农村基金会和 34 家金融服务社，其中有 191 家没有人民银行颁发的金融营业许可证，因而被关闭。这 191 家机构共有 34 亿元存款、9 亿元坏账以及 50 亿元的未归还贷款。在 34 家经过人民银行批准营业的农村基金会中，共有 37 亿元存款和 12.78 亿元坏账。

六、典当

在整个改革时代，典当业一直处于合法与非法之间的模糊地带。典当行业自改革时代复出以来，发展很不平衡，而且因为典当有高利贷的嫌疑，管理制度也一直不是很清楚。1949年之前的当铺一直被当作阶级剥削加以批判。到1956年，私营当铺被彻底根除。1987年，第一家私营当铺最先在成都出现，随后迅速发展，并在温州、成都、太原和上海等地集中出现。到了1993年，全国共有3013家被批准营业的当铺。当然这些当铺多数是由不同的政府机构开办的，包括国有银行、政策部门、税务局、海关以及金融和保险部门，也有一些只是在工商局注册为一般私营企业。

尽管人们关于当铺的观念不断更新有利于当铺经营，但很明显的是，当铺以非法的方式从社会上动员了越来越多的资金，并且支付很高的利息。于是，1994年国务院颁布了新的政策，要求人民银行管理典当业。到1996年人民银行整顿非法金融机构的时候，有一半以上已注册的当铺都被关闭，只有1304家有人民银行许可证的当铺被保留了下来。当然整顿也不是完全有效的。在整个20世纪90年代，人民银行不断地发布各种规章制度来规范当铺的经营活动，并重申禁止高利贷活动，但人民银行的努力在实际执行中的效用十分有限。2000年8月，为了限制不正当的金融活动，当铺从由人民银行管辖的"金融机构"转为由国家经贸委管理的"特殊工商企业"。总之，在改革时代，一些当铺可以合法注册，也有许多当铺在不相关的政府机构注册，并从事一些明显不合法的金融活动。但它们为普通人包括私营企业提供信贷，从而填补了信贷领域的一片空白。

第二节　温州民间金融初具规模

温州民间金融的规模很难估算，但是基于一些当地经济学家已有的研究，对温州民间金融规模做一些概括还是很有意义的。第一，温州民间金融的规模超过了正规金融。根据温州农村金融改革领导小组的估算，温州国有银行的储蓄共有 1000 亿元，而在各种民间金融活动中流动的资金达到了 2000 亿元，是国有商业银行存款的 2 倍。它们的估算基于 1990 年的一项调查，在那项调查中，企业的资本构成是 2：4：4，即在企业的资本来源中，银行贷款占 20%，而自有资金和民间金融分别占 40%。基于他们的经验和分析，在温州近 2000 亿元的民间资金中，约有 300 亿元短期周转的"游资"。第二，民间金融与正规金融总量之间的比例与地方经济发展水平相关联。根据 2001 年温州农业银行的调查，在经济发展水平较低的地方，民间金融更为活跃。它们发现，在被调查的 8 个乡镇（包括虹桥、大荆、金乡）中，在相对发达的乡镇，民间金融的资金大约占农村资金市场的 1/3，而在经济相对不发达的乡村，由于缺少其他金融机构，民间金融的资金占到了金融市场资金总量的 50%，而在特别不发达的乡村，民间金融的资金占到了所有流动资金的 70%～90%。第三，我们的调查进一步证实了上述发现。民间金融之所以在农村如此普遍，是因为正规的金融机构往往集中在比较发达的地区，而在不发达地区，不管是城市还是乡村，正规金融机构都比较少，相应地，民间金融就比较普遍。在我们所调查的一个典型中等收入水平的乡镇里，农村信用社有 130 万元的存款，但是当地对资金的需求却很强烈，因此民间金融市场非常活跃，一个农村妇女可以组织的资金甚至超过了信用社的存款额度。

但是这并不意味着在发达地区民间金融就不活跃。随着国有银行的商业化，金融机构纷纷转移到经济比较发达的地区。在经济发达的城镇，尽管存在着众多的金融机构，但民间金融同样很活跃。我们在调查中发现，城镇的中小企业比农村的中小企业更依赖民间贷款。在城镇地区，48% 的被调查企业使用过民间金融的资金，而在农村地区这一比例只有 33%。

自从正规的金融机构从农村地区退出，农村地区的企业就主要依赖民间金融。在比较发达的城镇，虽然企业可以从正规金融机构得到资金，但是许多企业仍然依赖于民间金融。例如，龙港镇是苍南县经济最发达的镇，在全国都有很大影响。但 1995 年的一项调查表明，即便在这样一个经济较发达的镇，企业 52% 的资本来自民间金融。而且从 1993 年到 1995 年，民间金融所占的比重不断提高。这些研究表明，在温州，不论是城市还是乡村，民间金融一直都存在，而且企业对民间金融的依赖性高于对正规金融的依赖性。

第三节　温州民间金融的生长环境

民间金融长期在企业运行中起到了关键作用，甚至那些规模较大的企业，尽管它们可以从银行贷款，但是仍然会使用民间金融资金。

尽管民间金融长期以来没有合法化，为什么它在温州却十分流行？我们做如下探讨。

一、正规金融的缺憾

从最广泛的意义上说，大多数经济学家都认为民间金融市场的兴起是因为官方金融体系不能满足那些追逐经济利益人的需要。换句话说，当信贷需求超过了官方信贷供给的时候，潜在的借款人就会转向非官方的资金来源。这一解释与20世纪80年代温州的情况十分一致，当时国有银行受政策限制只能向国有企业和集体企业提供贷款，私营企业完全被排除在官方信贷体系之外。而温州当时正处于农村工业化的前沿，非国有工业发展迅速，所以信贷供给与需求的差距很大，民间资金市场几乎是在没有任何竞争的情况下向民营企业提供资金支持。尽管在20世纪90年代末和2000年初，国有金融的政策已经发生了变化，但是很明显，私营企业特别是农村地区的私营企业在银行贷款中还面临许多困难。导致这种困难的原因有很多来自银行方面。

第一，国有银行的发展方式决定了它们更加关注城镇地区。

由于银行多集中于城镇地区，农村地区的官方信贷就必然出现空缺。因此，从供需关系的角度看，民间金融在温州农村地区很受欢迎也就毫不奇怪了。

第二，1995 年《中华人民共和国商业银行法》颁布以来，国有银行感受到以商业银行方式运作的压力不断增强。这意味着发放信贷资金要取决于潜在借方的信誉，因此在缺少可靠信用记录的情况下，银行就会要求担保和抵押。这对农村地区而言是很不利的，因为农村房屋不能用作抵押（由于没有商业转售价值）。那些没有办法满足国有银行要求的人只能转向民间金融。

第三，那些能够满足银行要求并得到贷款的客户也可能无法从银行筹集到所需的全部资金。我们访问了许多大型工厂，厂主都抱怨他们不能从银行得到足够的资金。此外，正如前面提到的，从银行申请贷款的交易费用也消耗掉许多时间和努力。换句话说，不仅农村的小客户从银行贷款难，一些大企业也认为银行不能很好地满足其贷款要求。当地的银行也知道这些情况，正如一位农业银行的经理所说："我们并不反对我们的客户在从我们这里贷款的同时也从民间借钱。"

第四，在整个改革时期，官方的利率一直被认为是被压制的。尽管金融管理部门将温州作为金融改革试验区，允许当地的信用合作社适当浮动利率，但是官方的存款利息还是远远低于民间信贷的利息收入。因此，那些机会主义的存款人就面临着经济利益的刺激，或者直接投资企业，或者以较高的利率借出资金。银行方面的低利率是民间资金市场供给的原因之一。

国有银行的资金供给对民间金融产生了一定的影响，但是我们下面要讨论的地方政治和社会因素同样对民间金融市场的普遍存在起了重要的作用。

二、地方政府对民间金融的支持

除了正规金融市场的供给有限，官方金融信贷的各种限制条件以外，民间金融在温州更流行、更持久的一个重要原因就是在改革之初，温州的地方政府对民间金融市场采取了容忍甚至支持的态度，地方政府也从中获得了利益。地方政府的不同部门都认识到民间金融对地方发展有重要意义，因此他们就会从不同的角度看待当地企业家从事的一些非传统金融活动，比如浮动利率、发行股票以及资金中介等。一些政府部门允许一些新型金融机制以合法的名义注册，积极支持金融机制创新。比如1985年苍南县第一家私人钱庄在工商局注册，这为20世纪80年代一些希望公开经营私有银行的金融企业家提供了一个先例。1995年温州市政府批准建立了金融服务社，2000年温州经济体制改革委员会和工商联共同批准了中小企业担保公司的建立，这些都是地方政府支持民间金融创新的例子。

当然，不同级别的地方政府各部门对待不同形式民间金融的态度也有区别。当人民银行高层决定开始整顿金融秩序的时候，温州人民银行也不得不合作，尽管当地可能并不欢迎这样的行动。一些当地的金融管理者也认为，将民间金融活动定义为"非法"事实上只是名义上的和具有政治意味的，并没有持续严加管控。

大多数地方官员也都知道，民间金融不仅仅对私营企业的投资有重要意义，尽管人们对于民间金融对地方农村工业化的重要贡献已达成共识，这在政府的出版物和报纸中也体现出来，但是人们却很少知道，乡镇政府与村级组织也直接使用民间资金。如同中国其他地方一样，温州的大多数乡镇政府也面临着财政短缺，因为乡镇的财政支出要远远超过县级政府下拨给它们的预算总额。为了补足缺口，一些乡镇政府就要从农村信用社或私营企业那里借钱。20世纪90年代银行和信用社被禁止向政府贷款，所以政府官员不得不以个人的名义为政府向银行、信用社或放债人借钱。私人越来越希望将钱借给事业单位而不是政府部门（如学校和医院，因为贷款给这些单位更安全）。在基层，地方政府向民间金融筹集资金以支付教师及政府官员的工资，增加地方基础设施投资，特别是扩大城镇规模。从这个角度看，民间金融也直接促进了当地农村经济的发展。

其实，一些地方官员支持民间金融是因为他们直接参与其中。温州私营部门的投资机会普遍存在，许多地方官员都以不同的方式参与了私营经济。现在政府官员不能直接从事经营活动，党员被认为不应该从事以盈利为目的的"资本主义"活动。所以政府官员往往采取间接的方式经营私营企业，这种方法很流行，因为一个地方干部不可能通过完全公开合法的手段积累大量的资金。此外，如果地方干部声称他们自己没有资金，但是有能力动员资金帮助当地的企业家时，这种说法多少是可信的，因为他们的政治和社会地位都可以帮助他们筹集资金。

关键问题在于地方官员允许民间金融的存在是因为有许多因素激励他们这样做。从经济角度看，民间金融明显地可以帮助当地的企业家；从财政角度看，许多乡镇都需要额外的财政收入来源以提供基本的公共服务；从个人角度看，地方干部自己也参与了民间金融活动。同时，地方干部也是地方政治经济的一个组成部分，他们也同样是企业家。

三、基层社会信贷市场的分割

不管银行系统发展得如何完善，民间金融还会继续存在。这一结论背后所隐含的理由是，民间金融的存在与正规银行信贷之间并不是一个零和博弈关系。甚至在那些银行系统非常发达的国家也有一些积极从事经济活动的人被排除在正规的信贷体系之外，不管是因为他们的经济活动不正规，被银行系统所歧视，还是他们自己对申请官方信贷不感兴趣。

此外，在民间金融领域，信贷市场是根据许多不同的标准被分割的，如性别、行业、同乡关系或者家庭的政治和社会地位等。在这一背景下，属于特定类型的人就会倾向于利用某种特定的民间金融形式。这意味着任何单一的金融形式，不管是正规金融或民间金融，都不可能满足全部的信贷市场需求。

在温州，民间信贷的供给者和使用者很多时候不是同一类人，这方面最典型的例子是老年妇女，她们是农村地区民间组会的主要组织者和参加者。另一个导致地方信贷市场分割的因素是当地的政治和社会阶层结构。这种结构影响了从官方金融机构和民间金融机构获得贷款的渠道。

除了这种有家人、亲戚或朋友在金融机构工作的直接关系以外，在村里有较高的社会或政治地位也可以帮助一些家庭建立与金融机构的关系。在苍南县的一个渔村，一位村长告诉我们，如果一个村民要开办工厂，他会先把计划告知村长，村长再与农村信用社联系，帮助村民获得贷款。很明显，许多农村信用社往往依靠当地乡村干部来判断潜在信贷户的信誉，因为当地的干部比从外乡来的信用社工作人员更了解当地的农户。但是这也说明实际上地方干部可以根据一些非经济的原因推荐信贷农户。

温州民间金融的持续性、普遍性和多样性部分是由于国有银行系统的状况，部分在于地方政府对民间金融市场的态度。很明显，到目前为止，官方正规金融制度的信贷还不能满足中小企业的信贷需求，有时候甚至也不能满足一些大企业的信贷需求。同时，地方政府往往支持或默许民间金融的存在，以繁荣当地的经济。民间金融市场不仅促进了当地农村工业的发展，而且可以提高地方政府的财政收入。在温州，差不多所有的人都卷入了民间金融活动，或者是供给者，或者是使用者，包括地方政府的官员。但最终要理解民间金融在基层的繁荣还必须了解信贷市场的分割，以及与此相联系的政治和经济地位的分裂。换句话说，不论银行系统如何理性化，利率水平如何开放，信贷市场分割性的特点还是会影响到官方正规金融机构的运作，并为民间金融的存在提供肥沃的土壤。

第四节　温州的民间金融与国有金融

在改革开放之后的前 20 多年中，温州的国有金融有了很大的发展，各个国有金融机构的存贷款数量增加很多。1981 年各金融机构的存款余额只有 4 亿多元，到 1991 年达到 75 亿元，2001 年则达到 1129 亿元。居民储蓄也大幅度上升，到 2001 年，居民储蓄达到将近 600 亿元。正规的金融机构在温州经济发展中的融资能力在不断增强。

此外，除了原有的四大国有银行以外，一些新的金融机构也开始进入温州，如浦东发展银行、华夏银行等，这些金融机构的进入无疑增加了金融机构的竞争。随着国有银行的商业化，金融部门的市场意识也越来越强，各家金融机构纷纷改善自己的服务，争夺客户。

与此同时，民间金融也发生了变化，它们的规模不断扩大，民间金融的融资能力较 20 世纪 80 年代有了很大的提高。前面我们曾经说过，据一些部门的估算，民间金融的规模远远大于正规金融，一些企业可以从民间资金市场上融资数百万元。民间金融的形式也日趋多样化，除了 20 世纪 80 年代的一些主要民间金融形式如民间组会、企业融资在 20 世纪 90 年代被继续保留下来以外，其他一些制度化水平比较高的民间金融形式也不断出现，包括被整顿的农村基金会、金融服务社。这些半制度化的金融机构所掌握的民间资金数量尽管并不是很大，但是在企业的融资中起到了很重要的作用。

以国有金融为主要成分的正规金融与民间金融共存于一个空间，在改革开放之后的前 20 年中，它们之间相互影响、相互竞争，并在竞争中得到共同发展。国有金融与民间金融在市场上有各自不同的客户，存在着市场分割，相互之间也存在着竞争，争夺共同的客户，当然更重要的是在竞争过程中，双方相互影响，特别是来自民间金融的竞争推动了国有金融部门的改革。①

一、民间金融与国有金融的市场分割

我们在过去的研究中曾经指出，民间金融与国有金融的市场是相互分割的，它们服务于不同的对象，民间金融的服务对象主要是中小企业，而国有的金融机构则主要服务于大型企业。当然。不同的金融活动同时也有公共空间，在公共空间中，不同的金融活动相互竞争，从而推动了金融业的发展。

20 世纪 80 年代，温州经济迅速发展，对资金的需求迅速增加。面对日益增长的资金需求，国有金融部门通过吸引储蓄、银行之间的拆借等增加了贷款额度；同时，民间的金融活动也日趋活跃，为个体私营工商业的发展提供了大量的资金。在不同金融系统的竞争中：一方面，原有的一些民间金融活动重新活跃，如重新出现了钱庄、典当行等；另一方面，国有金融部门也

---

① 张震宇. 温州模式下的金融发展研究［M］. 北京：中国金融出版社，2003.

进行了许多改革的探索，如浮动利率、简化贷款手续、下放审批权等。20 世纪 80 年代后期，在地方政府的支持下，一些民间的金融机构开始建立，如基金会、金融服务社等，这与国有金融部门产生了矛盾。国有金融部门认为民间金融的活跃吸引了更多的储蓄，对国有金融构成威胁。

在市场竞争中，一些民间金融机构采取了许多被认为是不合法的手段，如直接或间接提高储蓄利息，动用社区关系等与国有金融竞争，为此人民银行加强了对各种金融机构的监管。到了 20 世纪 90 年代后期，随着国有银行的商业化，国有商业银行日益集中到经济发达的城镇，它们与民间金融市场之间形成了空间上的分割，银行系统很少再关注民间金融活动，只有分布在农村地区的农村信用社还能感受到民间金融的压力。民间金融和国有金融的服务客户之间的区别越来越大，许多民间金融的客户从来不曾得到过银行的贷款。产品、价格、客户和规则是金融市场上的几个主要因素。通过这几个方面，我们可以发现民间金融与国有金融的诸多差异：民间金融在市场上表现出更多的弹性，而国有金融依靠其强大的银行网络，提供了民间金融所无法提供的服务。下面我们将讨论它们之间的差异。民间金融的产品、价格与规则比国有金融更适应当地中小企业乃至一些规模较大企业的需求。

二、金融产品的异同

在商品市场上的产品竞争已经司空见惯，各个生产厂家都在不断推出新的产品以满足市场的需求。在金融市场上，各个金融主体也在不断推出新的产品以适应市场的需求。当我们将金融业看作企业的时候会发现，不断推出新的产品也是金融竞争的重要手段。国有金融机构因其机构庞大、资本雄厚和专业化水平较高，可以不断地推出新的金融产品，包括一些非贷款的产品，吸引了越来越多的客户，如便捷的异地汇兑和信用卡，都吸引了许多私营企业，特别是那些跨地区交易的私营企业。民间金融因为缺少银行网络，辐射的区域很小，很难提供贷款之外的金融产品。但是民间金融所提供的贷款具有较高的弹性，因此也满足了客户多方面的需要。提供什么样的金融产品也反映了金融系统的决策机制，国有金融机构的决策往往来自上级，新产品开发的过程往往比较缓慢，而民间金融有很大的灵活性。

贷款是金融机构提供的最主要的产品，民间金融与国有金融机构在贷款方面有许多不同。市场对贷款的需求是多样的，不同的企业，甚至同一企业在不同时期需要的贷款是不同的，但是国有金融机构的贷款产品主要受到上级贷款计划的限制，一些贷款项目多是固定的，而这些贷款计划与当地的需求往往不能很好地配合。与此不同，民间金融所受到的限制较少，它们与贷款用户的直接接触更多，所以也更为灵活。

20世纪80年代，温州的个体私营经济发展很快，国有银行就已经开始突破计划经济的限制，向个体和私营经济提供信贷支持。但是这种支持还受到许多计划的限制。如农业银行当时的贷款品种包括农业贷款、农村工业贷款、乡镇企业贷款、农村商业贷款、农副产品收购贷款、农副产品预购定金贷款、技术改造贷款和农村个体工商业贷款等几个大类，各种类型贷款项目的设置乃至贷款额度是由上级银行决定的。

在计划经济体制下，国有金融机构贷款与政府的政策有密切关系，因此贷款产品的设计也主要服务于这些政策目标。在贷款产品设计上，国有金融机构存在着两个弱点。首先，信贷产品的设计来自上级，因此贷款产品的设计就很难改变，许多贷款项目和规定都是固定不变的；其次，金融服务带有很强的政策性，主要支持国有企业和集体企业的发展，所有的产品设计也是服务于这些目标。

因此，国有金融机构所提供的金融产品就很单调。例如，当政府在鼓励外向型企业的时候，金融部门推出了对外贸部门的贷款；当政府在鼓励企业技术改造的时候，银行系统推出了"技改"（技术改造）的贷款项目。在上级金融主管部门和地方政府双重作用下的国有金融机构，很难适应改革以后温州经济的发展。

20世纪90年代，国有银行的商业化进程加快，银行系统受到地方政府决策的影响越来越小，地方政府基本上对银行的产品设计不再有影响。但是，银行金融产品的设计来自上级银行的格局并没有改变，上级银行对下级银行的监督管理也日益增强。更重要的是，银行商业化以后，他们服务于大型企业的宗旨越来越明确，其贷款产品设计也就越来越倾向于简单和单一。如在农业银行贷款中，大部分是短期贷款，也就是一年以内的贷款，瑞安市农业银行截至2000年11月的贷款余额中，短期贷款占了约73%。在工业贷款中，短期贷款占到了将近90%。对工业企业的中长期贷款只有一项，就是技术改造贷款，但是技术改造贷款并非对所有企业开放，只有那些在政府计划委员会立项的技术改造项目才可能得到技术改造贷款。多数企业在经营过程中希望得到中长期贷款的支持，但是能够得到技术改造贷款的企业非常少。除了技术改造贷款之外，银行不提供任何其他形式的长期贷款。

尽管国有商业银行在不断推出新的贷款产品，如消费贷款、房地产贷款等，但在支持工业企业方面新的贷款产品并不多，这与私营企业发展的格局形成了很大的差距。

比如农业银行的工业贷款主要包括授信贷款和抵押贷款两种。一些规模较大、信誉较好，并在农业银行开户的企业被银行当作其主要客户，对它们评定等级，并根据等级提供相应的贷款额度。这些贷款几乎全部用于流动资金的贷款，期限只有一年的时间。除此之外，也向自然人提供贷款，对自然人的贷款有严格的抵押要求，主要是房屋抵押。2000年瑞安市农业银行对工业的9.3亿元贷款中，对个体工商户的贷款只有2.7亿元，不足1/3，占全部贷款余额17.0314亿元的16%。

国有银行的商业化有效地解决了地方政府对银行经营活动的干预这一问题，但是银行贷款产品单一、缺少弹性、对市场反应不及时等问题并没有明显改变。近年来，银行系统非贷款产品的数量在不断增加，如各个银行普遍发行了信用卡，实现了通存通兑，特别是汇兑业务，大大吸引了客户，但贷款是主要的金融产品，在这方面还保持了比较大的刚性。

贷款几乎是民间金融唯一的产品，民间金融没有自己的网络，所以国有金融机构所推出的非贷款产品，如信用卡、汇兑、票据贴现等，民间金融都无法涉足。民间金融的优势也主要体现在贷款上，与国有金融不同，民间金融的贷款产品的表现具有多样性和弹性。

民间金融在贷款的期限上表现了最大的灵活性。国有银行的贷款都有固定的期限，而民间金融很多并不规定特别的期限。如企业贷款，既可以是临时性的周转，也可以是长期地存放在企业。在企业创办之初，一些股东往往因为个人资金不够而向私人借款，这些资金被纳入股东个人的股本，并不由企业负责偿还，股东什么时候偿还这些钱，往往是根据自己的收入情况。此外，存入企业的资金通常没有很严格的期限，企业往往是每年支付利息，本金由企业继续使用，直到企业认为不需要这笔资金，或者资金的主人需要使用资金的时候，这种存贷关系才结束。民间金融也提供期限很短的贷款，甚至 1~2 天的贷款。这种短期的借款特别适用于一些商店突然进货的情况。一些享受国有银行贷款的企业也将这种短期贷款作为归还银行贷款以后暂时的周转资金。

当然，民间金融业也提供固定期限的贷款，如呈会所提供的信贷支持就是有期限的，呈会有固定的存款日期，也有固定的取款日期，这些日期被严格遵守。

我们看到，在金融产品的提供上，特别是贷款产品，民间金融较国有金融而言有很大的弹性，它们提供的金融产品更适合客户的需要，而国有银行所提供的产品缺少弹性，具有比较高的制度化水平，调整起来比较困难。但是国有金融机构提供了越来越多的非贷款金融产品，吸引了越来越多的大型企业，而民间金融灵活的机制更多地适应了中小企业的需要。

三、贷款价格机制

由于民间金融所提供的金融产品主要是贷款，这里所谈到的价格主要是存贷款的价格，也就是利息。我们看到，温州金融市场的价格受到三个方面的影响，也就是国家规定的利率、市场上资金的供求关系和贷款的风险。

在这三个影响因素中，国有银行的利率只受到国家规定的利率的影响。

在 20 世纪 80 年代以前，温州国有金融的利率受到国家政策的严格限制，基层银行没有任何能力对之进行调整。进入 20 世纪 80 年代以后，这种格局受到了很大的影响，来自民间金融的竞争导致银行的经营出现了很大的困难，因为民间利率普遍高于银行，银行很难吸收到储蓄存款，大量的资金并不进入银行。银行吸收的存款少，就会影响其贷款的发放。在这种情况下，温州的农村信用社和农业银行开始试验浮动利率，试图在国家的影响之外引进市场机制，这种改革尽管取得了一些成效，但是到 20 世纪 80 年代末期，温州的利率改革被停止。在这之后，银行的利率不能自己调整，资金价格与资金市场的关系被人为地隔断。

如果我们从历史上看，民间金融利率对资金的供求关系有很敏感的反应。当资金的供给较多时，民间资金的利率就会相应降低，反之就会上升。如1984 年末全市贷款比上年末增长 30.9%，这一年民间借贷利率一般从原来的月息 3%~4% 下降至 2%~3%。1985 年国家采取加强金融宏观控制的措施，市场银根抽紧，资金供需矛盾突出，民间信用规模迅速扩大，民间借贷利率又回升至 3%~4%。在 2000 年前后，民间金融的利率已经降到 1% 上下。

在任何时候，民间金融市场上都有一个被多数人所接受的利率水平，就像银行的基准利率一样。在这个基础上，根据不同的贷款对象，利率有所调整：对于比较可靠的贷款对象，利率会降低；对于风险比较高的贷款对象，就会适当地提高利率。

首先，民间资金的利率与国有银行的利率并非没有关系，国有银行的利率对资金市场的反应不敏感，它们受国家政策的控制，因而调整得比较慢。而民间金融主要受地方市场的资金供求关系的影响，反应比较敏感。所以，国有银行利率的调整对民间金融的影响并不是很直接。但是，国家的利率仍然是民间金融的一个重要参考，当国家的利率与民间金融利率相差很多的时候，一些大的企业就会减少在民间的融资，从而形成对民间金融利率的抑制。其次，当国家利率低于民间利率很多的时候，会为金融腐败创造一个比较大的空间，一些有关系的人就可能将国家银行的资金贷出，转入民间资金市场，从而加大民间资金的供给。最后，国有银行的贷款利率和存款利率是联动的，当贷款利率降低的时候，存款利率也会降低，这就会将国有银行的一部分存款挤到民间资金市场上，从而增加民间资金的供给，缓解资金需求的紧张，最终导致民间金融的利率降低。当然，国有银行降低利率的时候也往往是经济发展速度缓慢、市场销售不旺的时期，这个时候，也是投资不旺、资金需求不足的时期。

20 世纪 90 年代后期，温州民间金融的利率一般维持在 1% 左右，这与国有银行不断降低利率是一致的。由于经济活动普遍不活跃，企业家感到生意难做，因而出现了一个新的现象，就是赊欠普遍，下游厂家拖欠上游厂家的材料款。这在一定程度上缓解了下游厂家对流动资金的需求。此外，各个厂家也加强了企业的内部管理，原材料和产成品的库存减少，这也减少了资金需求。上述措施都减少了企业对资金的需求，从而使民间金融的利率一直保持在一个比较低的水平上。

我们看到，在资金市场上，国有银行的利率变化很慢，主要受到国家基准利率调整的影响。尽管作为金融改革的试验区，温州市的银行在 20 世纪 80 年代曾试验浮动利率，但很快便被停止了，温州的金融机构被允许在基准利率 20% 的范围内浮动，但是这只是给出了一个利率上浮的空间，并不能保障金融机构的利率能够根据地方资金市场的变化做出反应。与此不同的是，民间金融对市场资金供求关系反应非常灵敏，但是因为民间金融面临着更多的风险，所以民间金融的变动就不仅反映了市场资金供求关系的变化，而且反映了资金的风险状况，此外还受到借贷双方关系以及国家规定的银行利率的影响。

四、客户群体的不同

国有金融机构的贷款产品设计往往是从客户的定位开始的。如在计划经济时代，国有银行的贷款对象被规定为国营企业和集体企业。所有贷款项目的设计也是为了服务于这些被选中的客户。如果说这个时候银行还是通过政策来对客户进行筛选的话，那么当银行商业化以后，银行就是通过市场对客户进行筛选。国有金融机构的客户筛选逻辑是先选定目标客户，然后通过各种措施来吸引这些客户。而民间金融并不是先瞄准哪一个群体，没有一个政策为它们确定一个固定的客户群体，它们的客户群体是从各种关系中发展出来的。银行方面的人员往往会认为银行的金融服务是最好的服务，所提供的产品是最佳的产品，因此民间金融的客户都是基于各种原因被排除在国有银行之外的企业。但是我们调查发现，民间金融的客户并不完全是被银行所排斥的企业，还有一些企业主动选择了民间金融，而不是国有金融。

国有银行商业化以后，客户群体的选择不再受所有制的限制，如何实现银行利益的最大化是银行选择客户时首要考虑的。在这种情况下，国有金融出现了两个方面的变化：一是银行的服务地点从农村向城市集中，过去以支农为主的农业银行已经基本上从农村地区撤出，转移到城镇。即使是信用社也开始离开农村地区，向城镇转移。在钱库镇的调查很清楚地说明了这种现象，原来钱库镇范围内的农村信用社有 12 家，1998 年已有 10 家转移到钱库镇上。现在这种趋势仍然在继续，由于在农村地区信用社组织存款很困难，一些信用社发生了亏损。随着企业向城镇集中，农村信用社也向城镇集中，当它们集中到城镇以后，它们的客户群就不再是那些居住在农村的农民。

不仅金融机构退出了农村地区，而且现在所实行的抵押贷款方式也决定了农村居民被排除在其客户群体之外。在温州，银行为了提高资产的质量，普遍采取了抵押贷款，而抵押物主要是不动产。但是农村的房屋多数没有正规的房地产证，并且农村的房屋变现能力差，所以银行通常不同意以农村的房屋作为贷款的抵押物。没有房产作抵押的农民就被排除在银行的客户群之外了。

银行将城镇的大企业作为自己的服务对象，它们为这些大企业授予了资信等级，也就是被银行选中的企业被授予不同的信任等级，根据其不同的等级而被授予一定的贷款额度。而资信等级的评定标准主要是基于企业的产值和资产状况，以及与银行的交往关系。被银行看重的企业只是众多企业中的很少一部分。

如永嘉县的瓯北镇是县内经济最发达的地方，尽管人口只占全县的1/6，但是税收占到了全县的50%以上。农业银行在这个镇上设立了两家营业所，其他多家银行在此都设立了分支机构。全镇上的私营企业有1000多家，此外还有3000~4000家个体户。

尽管温州的企业规模在逐渐扩大，但是大企业仍然很少，众多的中小企业仍然是温州发展的主导力量。瑞安市是温州经济发展比较好的一个县级市，注册资金在50万元以下的企业占了绝大部分。而企业竞争、税费过重和贷款困难是企业面临的主要困难，而贷款困难的主要是中小企业。

银行将大企业作为自己的客户群体，其中很重要的原因是在银行的信用体系中，中小企业和一般农户的信用没有办法评定，银行评定客户信用主要依靠其资产状况和以往的信用记录。农村信用社正在试图克服银行的弊病，在部分地区开始对农户进行信用等级评定。根据不同的授信等级，农户可以得到不同规模的贷款额度。

这在温州还只是开端，不足以改变现有国有金融机构的服务格局。当然，国有银行将目标客户锁定在大企业，还有一部分原因是这样可以节约贷款成本，比如可以减少信贷员数量或其工作时间，从而降低费用。与国有银行不同，民间金融具有更广大的客户群体。由于多种形式民间金融的存在，民间金融满足了不同性别、不同年龄和不同资金需求的客户。

此外，借钱用于原始的股金投资也主要依靠民间金融活动。在一个企业中，股东的投资和企业的借款是严格区别的，一些股东合股投资的时候并没有足够的资金，他们往往向亲朋好友借钱，这些钱投入以后属于股东个人的投资，由股东自己承担还款的责任。尽管作为自然人，理论上股东可以以自己的财产作抵押向银行贷款，但是除了很少在银行有关系的人以外，多数的股东只能依赖民间的资金市场。此外，因为银行资金不对民营企业的固定资产进行投资，除了在政府立项的技术改造以外，许多中小企业都要依靠民间资金进行固定资产的投资。而一些制度化水平较高的民间金融机构，如金融服务社，又带有很多正规金融的市场特征。我们在这里只是一般地描述了国有银行和民间金融的不同定位，不同的定位导致了其不同的市场策略。

第五节　政府部门对民间金融的监管

民间金融主要在政府的管理视野之外活动，但是地方上巨大的资金流动无疑对当地的经济发展、地方社会秩序和金融秩序产生了严重的影响，因此地方政府不能不关注民间金融，尽管现在政府尚没有有效的管理办法来对待民间金融。当然，政府的不同部门在民间金融活动中所处的地位不同，与民间金融的关系不同，因此也表现出不同的态度。当我们在 1999 年访问一位主持基金会整顿的地方官员时，他表示，基金会的整顿是必需的，因为基金会的资产质量不高，基金会的从业人员素质不高，并且银行系统应该在金融服务中起主导作用。到 2001 年基金会清理整顿结束以后，我们再次访问了他，他告诉我们，基金会不应被一刀切地清理，因为基金会在温州的经济发展中起着重要的作用。他对自己态度前后变化的解释是因为当时他的工作职责是清理整顿基金会。从中我们看到，即使是同一位政府官员，在不同的位置对民间金融的态度也是截然不同的。

一、不同行政部门的责任分工

考察政府不同部门对民间金融的态度，首先，要考虑不同政府部门各自的责任，政府部门的职责来自上级部门的授权，因此不同的职责自然带来不同的态度，一些政府部门对民间金融负有直接管理的责任，而另外一些部门可能需要民间资金的支持；其次，我们可以看到不同部门与民间金融的关系不同，在民间金融的发展过程中，不同部门有不同的利益。当然，地方政府官员也是生活在温州的，他们个人利益与温州的经济发展紧密地联系在一起，而民间金融是温州经济发展的一个重要影响因素。

在地方经济发展过程中，所谓中央与地方的关系一直是人们所关注的焦点之一。因为从某种角度来看，地方政府的利益与中央政府的利益并不是完全统一的，这种利益不一致有时候就会表现为中央直属机构与地方政府部门之间的矛盾，也就是所谓的条块分割。例如，在对待民间金融的态度上，人民银行系统与地方基层政府的态度就有很大差别。

人民银行是金融的主管机关，它们直接受到上级银行的领导，属于条条管理。人民银行的职责包括金融机构的审批、检查和管理。人民银行对民间金融的态度受到了两个方面的影响：首先，温州的人民银行生活在温州，受到温州经济发展的影响，它们对民间金融采取了部分支持的态度，比如人民银行批准成立了金融服务社，推动民间资本进入金融领域。事实上，民间金融在温州的发展与金融管理部门的部分支持是分不开的。其次，作为金融的管理部门，人民银行更希望建立一个有秩序的金融环境，所以人民银行对民间金融的发展采取了审慎和保守的态度。当一些基金会希望通过人民银行的批准成为合法金融机构的时候，人民银行对其进行了严格的资格审查，其中许多基金会出于各种原因没有被批准而转为金融服务部。当开始对基金会进行清理整顿的时候，人民银行又迅速将一些基金会存入人民银行的准备金退还给基金会，这实际上表明，人民银行不承认这些基金会合法金融机构的地位。

此外，人民银行还承担着对民间金融违规活动进行处理的职责，特别是对于一些非正规的金融机构，人民银行有权对其进行严格的监督和审计。许多非正规金融机构的问题，如提高或变相提高利率、准备金不足或者股东注入资金不足等违规问题往往都是被人民银行检查出来，但是因为这些机构属于地方政府管理，所以人民银行往往要与地方政府一同处理。在处理问题的过程中，往往会发现地方政府与人民银行的态度不一致。人民银行往往强调对制度和规则的服从，它们检查处理民间金融的依据是金融主管部门的文件，而地方政府往往强调在推动经济发展中可能的制度创新。

此外，在银行制度改革以前，人民银行不仅是银行业的监管机构，同时也直接从事金融活动，它与其他国有商业银行有着天然的联系。在民间金融与国有金融的竞争中，人民银行往往会倾向于保护国有银行。当然这里并非指具体问题的处理，而是指政策导向和制度建设，包括对民间金融的规范，人民银行也往往借鉴国有银行的管理方式。坚持严格的制度管理在事实上就会将民间金融与国有金融放在一个不平等的竞争位置上，因为民间金融所依靠的恰恰是灵活的机制，而国有金融有着严格的制度化管理经验。

由于人民银行对金融秩序的关注，民间金融往往被认为干扰了正常的金融秩序，所以，人民银行经常对民间金融采取严格的管理。但是，民间金融存在着多种形式，而大部分的民间金融活动是处于人民银行管理视野之外的，除了一些高度制度化的民间金融，如基金会与金融服务社以外，大部分的民间金融，包括会、企业集资和民间借贷，现有的金融管理方式都很难对其进行真正的管理。

与人民银行不同，地方政府更关注地方经济发展。在改革开放以后的前20年中，增加投资是繁荣地方经济的重要手段。对于地方政府来说，增加投资有多种渠道，如增加银行的贷款、吸引外资等。在温州，增加民间金融活动无疑是一项重要的手段，民间金融将经济发展紧缺的资金留在了本地，这与银行经常将资金调往外地不同。

对于国有商业银行来说，它们的贷款额度主要是来自上级银行的计划指标，与当地的存款数量有关系，但并不是直接的关系。从1978年以来，由于温州农村工业的迅速发展，地方资金需求旺盛，金融机构的贷款数额一直大于存款数额。但是进入20世纪90年代以后，温州金融机构的存款数量增长很快，贷款增加的速度低于存款，因此出现存款大于贷款的现象，这也就意味着温州的一部分资金通过金融机构被转移到其他地区形成了投资。这种格局对于地方政府而言是不利的，因为这意味着地方经济发展速度受到影响。对于地方政府来说，将资金留在本辖区是很重要的。在现有的金融机构中，银行是全国性的机构，而民间金融则主要服务于当地社区。

在这个意义上，民间金融的发展有助于将资金留在本地区。所以，地方政府为了加快当地经济发展速度，往往对民间金融采取容忍的态度。由于地方政府持容忍的态度，所以在20世纪90年代，温州的各种民间金融机构发展很快，它们通过较高的利率吸收了许多储蓄资金，这无疑对于提高地方经济增长速度有重要的意义。

温州的民间金融多种多样，对于那些传统的民间金融活动，基层政府不仅不加干涉，在很多时候，它们还参与其中。政府官员或其家人参与组会活动，一些地方政府官员也同样将自己的资金存到企业中，而不是存进银行，当然他们或其家人在经营中也需要民间资金的支持，作为个人，许多温州政府官员都积极参加了民间的金融活动。一方面，政府官员可能会成为民间金融的贷方，因为他们将自己的资金贷出生息；另一方面，政府官员可能会成为民间金融的借方，因为他们自己的家庭也开办了企业。这些参与都在很大程度上给出一些信号，他们对民间金融采取容忍的态度。

地方政府也积极推动民间金融机构的成立。正如我们看到的，温州地方政府的两个部门——体改委和农经委，批准成立了农村金融服务社和农村基金会，在过去多年的实践中，它们对民间金融都给予了高度的赞扬，认为基金会的成立平抑了地方民间借贷的利率，促进了当地的经济发展，并使民间金融从地下走向地上，从而有利于规范民间金融。除体改委和农经委外，包括温州市长在内的一些地方政府官员对基金会都给予了较高的评价。

20世纪80年代以来，温州地方政府，特别是乡镇政府对民间金融一直采取宽容的态度，比如在20世纪80年代后期成立农村基金会和金融服务社的时候，按照当时的制度规定，这些机构必须由农村集体开办，但实际上温州的许多基金会都是个人股东合股的，而这种合股得到了当地政府的默许。尽管温州的农村基金会并不像其他许多地方一样是由乡镇政府直接管理的，但是农村基金会的开办对于增加当地的投资还是起到了很大的作用，所以乡镇政府支持当地的基金会也就可以理解了。

我们看到，由于政府的职责不同，不同部门对民间金融采取了不同的态度，金融管理部门强调对民间金融的规范管理，而地方政府则更倾向于支持民间金融的发展。同时地方政府的不同部门与民间金融的关系也不同，作为一些主管部门如体改委和农经委，它们积极推动了民间金融机构的成立，作为乡镇一级政府，民间金融的活跃可以有效地活跃当地的经济。

但是不管来自哪一个政府部门，主要的官员还是来自温州本土，他们本人或亲属可能就参与了民间金融活动。他们与民间金融活动有着各种各样的联系。因此，他们对民间金融都表示了理解和支持。

当然，民间金融包括了很广泛的活动，多数的活动都只是存在于民间社会中，远离政府的管理视野，甚至包括钱庄，如果上级政府没有统一的整治非法金融的行动，它们就一直存在着。

二、政府在民间金融活动中的监管措施

尽管大部分的民间金融不在政府管辖的视野之内，但是地方政府还是深深地介入了当地的民间金融活动。这种介入包括了几个方面：首先，地方政府介入了对民间金融的管理；其次，政府作为参加者，也成为了民间金融的借方或贷方；最后，在出现金融问题的时候，政府承担着治理整顿的责任。

民间金融活动主要存在于民间社会之中，所以大部分的民间金融活动都不在政府管辖范围之内，特别是民间借贷，因为其分散、经常发生，所以只有当出现严重债务纠纷的时候，借贷双方才会寻找政府或法律解决。在中国的许多地方，高利贷往往受到限制，但是由于高利贷往往只是借贷双方的事情，所以对高利贷几乎不存在管理。在温州，由于民间金融市场的存在，民间资金供给和利率受到市场的调节，因此真正意义上的高利贷发生得比较少。

政府对民间金融的管理比较多地关注于已经注册的民间金融机构，这些机构要由政府审批，接受政府的监管。尽管地方政府也关注当地社会的稳定，避免因为金融活动所带来的社会不稳定（如大规模社会集资企业的破产、银行的倒闭和民间金融机构的挤兑都会带来社会问题，给政府的工作带来压力），但是事实上地方政府在这方面所能做的工作很有限。

政府很难预防这些问题的发生，很多时候都是出现问题以后的事后处理，也就是治理整顿。正因为大部分的民间金融都处于地下或半地下的活动当中，被排除在地方政府的管理视野之外，所以地方政府才关注如何提高民间金融的制度化和公开化的水平，从而使地方政府可以对之进行管理。

地方政府希望有一个比较公开、利率合理并且可以进行日常管理的民间金融市场出现，这也就是地方政府积极推进私人钱庄和农村基金会产生的原因之一。

作为民间金融的参与者，地方政府往往比作为管理者更深地卷入了民间金融活动。一些政府部门希望其自有资金能够保值和升值，因此，它们作为民间金融的资金供给方，也将资金投入到民间金融市场上，特别是借给一些有规模的、有关系的企业。实际上，包括村委会、政府的企业办公室等在内的许多部门，只要它们有独立的收入，就可以将资金借给企业。除为贷方以外，当然更重要的是政府作为民间金融的借方参与到民间金融市场上。

在温州，随着小城镇的建设，地方政府在公共支出和基础设施方面都成为一个重要的投资主体。在巨大的投资冲动下，地方政府财力不足的时候就要借债。随着国有银行的商业化，地方政府越来越难以从银行得到贷款，这时，寻求民间资金的支持就变得越来越重要。所以，许多乡镇政府向民间资金借债，有一段时间，因为有财政收入作为保障，乡镇政府甚至成为民间金融的主要客户之一。近年来，乡镇政府财政越来越紧张，所以借债的能力已经下降，一些民间金融的贷方公开表示不希望将钱借给地方政府，因为地方政府的还款能力很差。

与金融主管部门相比，基层政府在民间金融活动中扮演的角色是复杂的，因为金融政策往往由金融主管部门制定，但是在民间金融出现问题的时候，政府要出面解决问题。20世纪80年代的抬会和20世纪90年代的清理整顿基金会都主要是由政府主持实施的。对于地方政府来说，金融问题往往是与社会治安的问题联系在一起的。在1984年乐清县黄华镇的会案中，数百个参与了"百万会"的成员因为倒会以后会首无法偿还他们的会资，扯了会首到镇政府要求镇政府出面解决；1986 年乐清县禁止抬会，政府也将其作为治安案件，动员了许多公安干警，经过四次搜捕，抓获了三个大会主才最终完成任务。

担保公司是为中小企业提供贷款担保的公司。在市政府的支持下，2001年温州市中小企业担保公司成立，其中政府投入 300 万元，企业自己筹资800 万元，共有 6 个股东，公司是在体改办和工商联的支持下建立的。与这家具有政府背景公司相对应的还有另外一家完全民营的担保公司——银信担保公司，这家公司完全由民间资金组成，到 2001 年底已经筹集了 2000 万元的资金。担保公司是新出现的一种民间金融形式，它并不直接给企业提供贷款，只是为企业向银行贷款提供担保，这是另外一种通过运作民间资金改善中小企业融资环境的行为。在担保公司的建立中，政府的支持起了重要的作用，政府的支持不仅包括政府的政策支持，还包括政府的直接出资。

我们从温州民间金融的活动中可以看出，并不存在绝对的、与政府相互隔绝的民间社会和民间金融。民间金融活动需要政府的支持，至少是默许；而民间金融促进了当地的投资，所以一直得到地方政府的关注。地方政府和民间金融存在着共同的利益，这正是它们相互合作的基础。

第四章 温州信用体系的建立与监管

当前，我国社会主义市场经济体制已基本确立，作为市场经济体制主要组成内容的现代市场体系也正在逐步健全和完善。但也要看到，我国与建立现代市场体系密切相关和配套的社会信用体系的建设却仍处于起步阶段。市场上的信用恶化问题非常突出，市场上存在着大量的交易失信和行为失范现象，如市场价格欺诈、买卖双方不信守合同、假冒伪劣产品横行市场以及国际贸易中的欺诈行为等。这些问题严重影响了整个经济的稳定和健康发展。可以说，我国市场经济正面临着严重的信用危机，信用缺失问题已经成为我国经济进一步发展和升级的瓶颈。因此，大力发展市场经济、提高市场效率、创造诚实守信的市场环境，要求我们必须研究在保持经济协调稳定可持续发展中如何推动我国市场的升级和转型问题。为此，我们对作为我国市场经济先行者的温州进行了专题研究，重点对温州市在全国率先提出建立"信用温州"、加强社会信用体系建设等工作进行了专门调查，力图通过对温州市场这个点的研究来探索怎样推动我国市场整体的转型和升级。

第一节 温州金融市场的信用基础是
一种独特的传统信用

研究温州市场，尤其是从信用的角度考量和分析温州市场，首先需要对市场和信用的关系有一个清晰的概念。按照经济学原理，市场是社会再生产过程的必要手段，是商品经济发展的前提条件。信用则是商品交换的前提与基础，是在商品交换中形成的一种关系，伴随着市场交易的出现而出现。在市场经济中的商品交换，是以社会分工为基础的劳动产品交换，其原则是等价交换。交换双方必须以诚实守信为履约条件，形成相互信任的经济关系。如果有一方不守信用，那么等价关系就遭到了破坏。随着交换关系的复杂化，日益扩展的市场关系就逐步形成彼此关联、互为制约的信用关系链条，维系着复杂的交换关系和有序的市场秩序。

因此，一个地区的市场化水平和其信用程度必然是相辅相成的，有什么样的市场水平就必然有相应的信用基础作为支撑。现代市场经济实质上就是由错综复杂的信用关系编织而成的巨大网络，市场经济就是信用经济。因此，温州特色专业市场的蓬勃发展和壮大，也必然有一个与之关联的强大的信用基础作为支撑。按照这个观点，我们对温州金融市场发展的信用基础进行分析。

一、温州民间信用产生的基础条件

改革开放之前，温州是传统的计划经济体制，资源的配置是在政府的指令性计划下进行的，信用没有发挥作用的空间。我们认为，在温州市场蓬勃发展的这 20 多年里，一种具有强烈温州地方特色的以血缘、亲缘、地缘为支撑的传统信用关系的复兴和加强奠定了温州市场发展的主要基础。

温州地处沿海山区，没有任何资源或交通上的优势。村镇分布在苍山、南北雁荡等几条大山脉间，形成了若干个相对独立的自然经济地理区域，保留着不同的方言区和乡土社区。这种自然地理环境对发展经济不利，但保留了较多的传统文化，触及乡民生活的各个方面。从敬宗睦族、伦理教化、社会治安、农田水利、抚老恤幼、赈灾济贫、审理争端，直至兄弟析产、组织打扫卫生等。在温州地区，村镇不仅是一个地理学概念，还有着特别的社会学意义。一个乡土社区，多少代人生于斯、长于斯又葬于斯，形成一套牢固的关系。因此，温州市场经济中的家族，和严格意义上的家族有很大不同，可以说是经过当代市场经济脱胎换骨改造了的。原来的"家族"有严重的封建色彩，不仅是指同族人，而且还包括家族内部的等级结构和一套规则。但现在的家族，主要是它的血缘和姻亲等关系。与家族关系同样重要的是地缘，即乡土社区（一个或几个村镇）中的同乡等网络关系。温州传统信用的作用范围是聚居于一个或几个相邻村庄的家族系统，信息集中而且容易获得，搜寻费用低；签约者的分布面窄且距离近，监督合约履行靠的是交易者本人和家族系统的集体力量，因而费用低、效果好；对违约失信风险的防范，靠的是家族系统的礼俗（传统伦理以及约定俗成的习俗和习惯）和舆论力量，合约的违约失信概率通常较低，而且处理违约失信事件的维权费用也较低。

二、家族信用应运而生

此外，家族信用的信用强度，以交易者自身家庭为轴心，随血缘关系远近，从内圈到外圈由强变弱。受落后生产力和家族文化的制约和影响，家族信用带有封闭保守的自然经济色彩和封建文化痕迹。概括而言，家族信用的优点是交易费用低，缺点是不规范、信用范围小、交易者获取资源（生产要素和商品）的选择面窄，所获得的生产要素和商品在品种、质量和数量方面，往往难以完全达到生产者和经营者更高的要求。

温州市场的这种传统信用关系在温州农村工业的产生和发展过程中起到了巨大的作用。温州市场在初创时期大多就地取材，采取前店后厂的模式，从事种植、养殖，农产品和工业品加工、贩运，商品零售等，企业规模小，所需要的原料、劳动力、资金和技术，基本上可以依靠家族信用，从而可以减少交易费用，降低风险和成本。由于家族信用稳固，其成员的个人信息透明度和可信度比较高，因此，在家族成员中募集资金，聘用员工，开拓市场等，可以省去收集信息、谈判等方面的大部分交易费用。

温州市场的传统信用具有交易费用和监督成本低、诚信度高的优点，在温州市场初创时期发挥着巨大的作用。然而，这种传统信用关系存在着封闭落后、不规范、信用范围小、交易者获取生产要素选择面窄等先天缺陷，已经和正在成为温州发展现代市场经济的约束和瓶颈。当前温州市场面临着新的发展转型，仅依靠传统信用已经很难满足发展现代市场经济的需求。因此，温州的传统信用注定要随着温州经济的发展而退出历史舞台，取而代之的应该是现代社会信用。

第二节　如何从传统信用向现代信用转型

当前，我国社会主义市场经济保持了持续、稳定、协调发展的态势。在市场方面，信用交易成分不断扩大，商业银行不断推出的包括信用支付工具，信用卡和消费信贷等信用工具已经为大众所熟知，总体授信额度在快速增加。根据发达国家的经验，凡人均 GDP 超过 2000 美元的市场经济型国家，其市场的主交易形态都会转变为以信用交易为主导的形态，从而进入"信用经济时代"。应该说，我国社会主义市场经济正在一步步地迈进"信用经济"的门槛。而加入 WTO，使我国经济进一步进入世界经济大循环，国际贸易不断扩大，我国步入"信用经济阶段"的进程必然会加速。因此，转轨中的中国经济发展需要研究如何踏上"信用经济"的台阶，首要任务之一就是加速建立我国的社会信用体系。[①]

一、亟须解决以信用缺失为主的一系列问题

第一，信用缺失现象严重。按照现代市场经济理论，市场交易方式先后经历了三个阶段：实物交易阶段、货币交易阶段和信用交易阶段。交易方式的演变也是市场提高效率和降低成本的过程。信用交易的最大特点在于，它将供货与兑现两个环节在时间上进行分离，从而提高了市场效率、降低了交

---

① 陈文玲 . 温州从传统信用迈向现代信用 ［M］. 北京：中央编译出版社，2005.

易成本。可以说，信用交易是市场经济高度发达和完善的表现。目前，西方国家90%的交易都采用信用交易的方式。但是，温州市场上普遍存在着失信和交易行为失范的现象。包括买卖双方不信守合同、企业之间相互拖欠货款、市场上假冒伪劣产品屡禁不止、国际贸易中存在欺诈行为等，严重影响了温州市场向更高层次转型和健康发展。温州市场信用的缺失不仅造成了投资经营成本和生产成本的增加，也导致了企业金融风险的增加和交易方式的倒退。而且，信用危机带来的危害，表面上是企业成本增加、市场风险增大和投资降温，但在深层次上，信用问题降低了整个经济的运行速度和效益，造成了经济增长受损，社会资源利用效率低下，最终严重影响温州经济的发展和转型。从经济学理论看，现实社会中的各个经济主体的各种经济活动与交易行为是不断博弈的过程。但是，博弈不会是无限的。在有限的博弈次数中，在最后的交易中，发生欺骗的可能性是很大的。如果各个经济主体都担心本次交易是最后一次交易，都担心博弈可能会结束，都不敢给予信任，那么社会信用关系仍然不会存在。

第二，市场商品档次不高，质量有待提高。支撑温州专业市场的中小企业绝大多数定位于低质低价的市场竞争策略，产品更新缓慢、技术含量低，导致依托于这些产业的市场商品大多档次较低，商品结构调整缓慢，难以与迅速提高的消费者收入水平和个性化要求相适应。产品档次低容易造成低水平基础上的恶性竞争，导致企业经济效益的下降。此外，产业档次低造成进入门槛低，其单一的劳动力成本优势很容易丧失，温州目前劳动力密集型企业的产业竞争优势就很难持久。

第三，专业市场低价竞争优势的形成和保持过于依赖税收、土地等方面的优惠政策和逃税、避税。假冒伪劣、侵犯知识产权的问题时有发生。温州的企业大多数规模较小，生产的大多是低技术产品，因此缺乏创新的必要条件和动力。

第四，市场经营管理方式落后，高层次管理人才匮乏。这使专业市场的功能拓展和制度创新跟不上经济的发展，削弱了浙江专业市场的竞争力，不仅影响了浙江专业市场与省外市场之间的竞争，而且也不利于它们与传统大商场以及其他现代流通组织形态之间的竞争。

第五，外地专业市场逐步崛起，温州市场缺乏有效应对。20 世纪 90 年代中期以来，江苏、上海、山东等省市的专业市场发展势头十分强劲，一大批规模较大的专业市场迅速兴起。由于它们与浙江专业市场相比，具有产品档次较高、区位条件较优的比较优势，这些市场的兴起明显减弱了浙江专业市场对华北、东北地区的辐射能力。更为严重的是，近几年来，随着市场经济体制由沿海地区向中西部和东北地区的扩散，这些地区发展传统专业市场的条件不断趋于成熟，温州专业市场如何保持优势并进行有效应对成为其亟须解决的问题。

二、传统的民间金融模式已不再适应经济发展的要求[①]

自 20 世纪 90 年代初期以来，温州民营中小企业的融资结构逐渐发生了改变。从整体上看，自有资金所占比重仍然最大（目前自有资金率约为 57%），但民间借贷这一资金来源出现萎缩，而金融机构贷款比重则明显上升。根据对 71 家民营企业资金来源的统计，来自金融机构的借款约占企业总负债的 74%。在调查 95 家民营企业出现资金短缺后最先想到从何处借入时，有 83 家选择了金融机构，占比约为 90%。在金融机构中，城乡信用社等地方中小金融机构主要面向个体企业、私营企业等中小企业提供融资服务，1999 年 9 月末温州全市城乡信用社对个私企业、乡镇企业以及其他短期贷款（很大部分是个体、私营贷款）三项余额合计为 66.9 亿元，占其全部短期贷款余额的 90.1%。虽然以中小企业为支持对象，但由于城乡信用社目前所拥有的市场份额与国有银行相比差距较大，从对中小企业资金支持的绝对量上来比较，则是国有金融部门所占比重明显上升。1999 年底，温州全市金融部门的前述三项贷款余额为 171.9 亿元，经估算，城乡信用社、城市商业银行等地方性金融机构的占比约为 50%，相应地，国有银行在此三项贷款中所占的比

---

① 陈文玲. 温州从传统信用迈向现代信用 [M]. 北京：中央编译出版社，2005.

重已略超过一半。这说明，以金融机构为中介的间接融资已成为民营中小企业主要的外源融资渠道，而且在这当中国有银行部门开始占据相当的比例。总之，温州民营中小企业的融资已由过去的以民间借贷为主、以金融部门贷款为补充的外部筹资方式演变为以金融部门贷款为外源融资的主渠道、民间借贷比率急剧下降的新方式。

温州市人民银行曾对此进行了一次调查并向社会公布了结果。此次调查在全市选定30个民间借贷活跃的乡镇作为监测点，选取样本300个。为确保监测样本总体具有代表性，选择的乡镇覆盖了经济发达、一般和欠发达区域；监测对象分为企业、个体户和个人三类。借助此次调查，温州市人民银行发现，民间借贷关系以个人借给个人为主，借贷主要是用于生产经营，期限以6~12个月居多；各类借贷中，家用消费的平均利率最高，企业借给个人的平均利率最低；从地区来看，各地区间利率水平有较大差异，经济发达程度与利率成反比。2003年1月的调查共涉及民间借贷328笔，金额5666万元，最高月息为20%，最低为5%。

目前的民间金融制度是一种自发的、非正式的制度供给，难以适应民营经济快速发展的融资需求。这是因为法律制度的不健全和真正的信用观念尚未建立起来，民间金融部门依然局限于特定的小圈子里，缺少健全的市场和法律法规，始终处于非正式、不规范、低效率的状态中，从而决定了民间金融不可能真正具有规模经济的优势。民间金融的局限性决定了其在经济发展中的作用渐弱化。民间金融领域的狭窄性、活动的局限性难以适应大规模资金的金融活动需要。随着社会经济的发展，民间金融的生存环境出现了多方面的变化：

首先，人们的收入水平大幅度提高。温州的城乡居民人均收入由1978年的113元上升到1998年的4498元，出现了大量的闲置资金。其次，企业组织规模不断扩大。温州的经济从过去的前店后厂、零敲碎打的个体家庭户发展到现在上规模的股份制企业、企业集团，就连国有大银行有时也得组织几个银行进行银团贷款，而民间金融这些小机构对此是根本无力承担的。如在温州乐清，规模大、信用好的企业贷款金额大多在 500 万元以上，这样的贷款规模国有商业银行随时都能满足企业的需要。而对民间金融机构来说，全市民间金融机构中规模最大的自有资金总额也不超过 800 万元，根据人民银行资产负债比例管理规定，单个企业贷款不得超过自有资本总额的 50%，因此，民间金融根本不能满足企业的需要。

同时，周围金融组织状况的改变，也使民间金融的劣势逐渐暴露。民间金融的发展很大程度在于原先国有银行等金融机构服务的局限性。随着金融改革深化，一方面，银行数量逐渐增加，融资方式更加畅通；另一方面，现在的国有商业银行等金融机构与计划经济时代相比已有很大差别。金融业已进入了服务营销时代，资金十分充裕，大量资金要寻找出路，否则银行的效益就难以体现。各种服务营销、服务品种层出不穷，如房屋按揭贷款、汽车消费贷款、教育助学贷款、自然人贷款、旅游贷款等应有尽有，各个领域的金融服务无孔不入，只要是居民需要的服务，金融机构就能够推出。因此，绝大部分的金融需求基本上能在规模较大的金融机构中得到满足。相反，一些民间金融形式由于机构网点少，电子化结算手段不发达，服务有很大的局限性。周围金融组织机构的变化使民间金融机构在竞争中处于劣势。调查表明，随着银行金融服务质量的提高、金融投资工具的增多、金融安全性的改善，从事民间借贷的资金明显减少。

此外，金融机构对个体经济和私营经济支持力度的加大，也使民间金融市场份额逐渐缩小。随着中共十五大对个体经济和私营经济地位的确认，各金融机构对个体经济和私营经济的支持力度不断加大。从温州市某银行 1999~2001 年贷款投向来看，私营企业、个体户的贷款占总贷款增加数的 34.3%。民间金融的服务对象本身就是个体经济和私营经济，一旦这部分市场被银行抢占，其作用范围就日渐减少。

总体上讲，温州民间金融曾在 1986 年出现高潮，大约在 1993 年和 1994 年达到顶峰，此后民间金融便走向衰退。从目前看，温州民间金融的发展有两个趋势：第一个趋势是大量体制外资金向"体制内"循环，投资所需资金大量减少，许多借贷资金转向官方部门。其原因之一是目前温州市场发展日趋成熟，获取较高利润的商机大大减少，投资项目缺乏；另一原因是银行和信用社发展较快，个人凭借存款得到贷款比较方便。第二个趋势是民间金融部门的资金大量沉淀或者在房地产、股市等方面进行投资，从而使原有意义上的民间融资走向衰退。①

第三节　向现代信用转型刻不容缓

一、信用缺失成为温州金融体系完善和发展的瓶颈

在现代市场经济中，绝大多数经济活动都体现为一种由信用维系的债权、债务关系，每个单位或个人都是经济交往中的一环，无数的信用链接共同构成市场经济的整体，可以说，信用是市场经济的基础。但是由于我国长期实行计划经济体制，经济生活的各个方面全部由政府计划统一配置，信用在我国社会中长期处于空白状态。因此，在经济体制改革和经济转型初期，由于整个社会对信用的认识不足，人们信用意识淡薄、信用观念落后，用于规范信用的法律法规滞后，信用缺失给整个社会经济带来很大破坏。失信现象的长期存在将使社会信用陷入恶性循环，正常的经济秩序无法维持，从而最终破坏整个社会生存和发展的基础。

（一）信用缺失的成因

信用缺失现象的形成有着深刻复杂的社会背景，其原因主要有以下几方面：

首先，计划经济体制下信用制度缺失的后遗症。计划经济体制下，社会

---

① 罗培新. 温州的金融实践与危机调研报告［M］. 北京：法律出版社，2013.

资源几乎全部处于国家统一配置之下，商业信用乃至民间信用基本被取缔，银行信用也被压缩到最低限度，银行更多的是充当财政的出纳。整个社会的信用观念不强，信用体系基础薄弱。改革开放以后，我国没有及时提出重建信用体系，导致目前全社会信用观念淡化，部分政府、企业管理者、个人借贷者不愿对借贷资金的偿还承担严肃的责任；而银行在信贷管理上也没有及时更新观念，信用制度建设意识不强，这在一定程度上也助长了借款人的失信行为。

其次，社会信用的法制保障机制建设滞后。这主要表现在以下两方面：一是立法不健全，我国目前已有的涉及信用的法律有《民法通则》《担保法》《票据法》《刑法》等，但至今没有一套完整、系统的规范信用的法律，对于信用的征集、管理、评估以及失信行为的惩治有时无法可依。比如对恶意逃废金融债务的直接责任人的处罚没有明确规定，在无形中助长了企业逃债、赖债的倾向。二是执法不力，金融债权法律维护效率低下。部分法院在审判、执行中的软弱和不作为，严重影响了商业银行降低不良贷款的种种努力。

最后，地方保护主义的影响。近年来，有些地方政府的行政干预主要表现在影响诉讼、抵押担保有效性以及破产程序上，这些行为影响了不良贷款的实际收回率。同时，金融机构本身对逃废债企业的联合制裁力度也不够。改善社会信用环境，打击企业逃废债行为，需要各金融机构互相配合，共同执行对逃债企业"不开户、不放款、不结算、不提现"的制裁措施。虽然人民银行也采取了一些措施，如建立"贷款证"制度、"黑名单"通报制度，但目前各金融机构为了保守商业秘密，对逃债企业的信息沟通不够及时或覆盖有限，制裁措施缺乏统一性和联动性，在一家银行上了"黑名单"的企业仍然可以在另一家银行获取贷款，从而导致企业的失信行为得不到有效制止，在一定程度上助长了企业的逃废债行为。

（二）信用缺失严重危害金融体系的完善和发展

信用缺失曾经给温州民间金融乃至温州经济带来了巨大打击，如1984年的"黄华会案"，1985年的"抬会"风潮，1986年的苍南、平阳"排会"

案，1988 年的"平会"倒会和"银背"破产事件等。温州民间金融风潮是在独特的经济条件和社会背景下发生的事件，其涉及面广、金额数量大、破坏力强。一个万元会倒会，至少要涉及 11 户人家；一个亏空 100 万元的会主，至少波及 50 个单万会，涉及会员 500 户以上。

因此，一旦爆发民间金融风潮，就会造成大范围、大规模的倒会或"银背"破产。造成这种状况的原因主要包括：发起者自身的素质较低，法律观念淡薄；行为本身背离了资本价值增值规律；政府对民间金融风潮处理不当；等等。其中非常重要的一个原因是民间金融的组织机制存在很严重的问题，缺少规范的信用体系的约束和监督，从而直接导致了金融风潮的发生。可见，信用缺失对金融系统的破坏力是很强的。金融体系作为现代经济的核心，其生存和发展完全建立在信用基础之上。信用缺失对金融体系的危害主要体现在以下两个方面：

一方面，信用缺失严重制约了金融机构业务的开展。首先，由于我国社会信用水平低下，一些企业、个人恶意拖欠银行贷款本息，逃废银行债务，甚至不少企业、个人以赖账、逃债为荣。加之银行和借款人之间存在着信息的不对称性，借款人的信息不能全面披露，银行无法全面判断其信用，只能被迫提高贷款标准，以防范信用风险，甚至出现了银行有款不敢贷的"惜贷"现象。这样一方面银行无法充分发挥信贷资金效益，另一方面社会经济也无法获得充分的资金支持。其次，银行开展业务所依托的信用工具受到限制。支票、汇票、本票等信用工具的应用对于加快资金周转、降低社会成本具有重要作用，但是信用水平的低下使大量票据无法正常转让或清结。为减少纠纷，不少银行开具承兑汇票时，特意注明"不可转让""不可质押"等种种限制条款，对于原本流动性好、安全系数高的贴现业务也进行严格限制，大大限制了信用工具的应有功能，降低了资金利用的效率。同样，面对太多的信用卡犯罪所造成的巨额损失，银行只能设置繁琐的手续，提高申请条件，严格担保措施，并减少信用卡的功能，许多卡种不能透支，即使是能透支的卡种可透支的额度也十分有限，从而无法向客户提供真正方便可循环使用的信用。最后，当前消费不足制约着我国经济的增长，扩大信用消费已经成为推动经济增长的重要手段。然而，由于没能建立完整的信用体系，借款人信用水平低，导致消费信贷业务发展缓慢。消费贷款业务的停滞既影响了银行新兴业务的发展，对我国刺激消费的政策实施也十分不利。如果存在一套完整的信用体系，上述问题都可得到根本解决。

另一方面，信用缺失大大增加了金融机构的经营风险。当前国内没能建立一套完善的信用制度，没有形成对借款人的约束力。很多借款人隐瞒真实经营状况，编制虚假报表，骗取银行贷款，隐瞒资金真实用途，挪用银行贷款；有的有钱不还，故意拖欠银行贷款本息，也有的利用银行之间信用识别系统的封闭和相互竞争，多头开户，骗取银行资金；有些地方整个社会信用环境恶化，逃废银行债务成风，利用企业重组转制架空银行贷款，利用假破产恶意逃废银行贷款，大量的银行债权被悬空或逃废，极大地扰乱了经济金融秩序。银行不良贷款的激增和盈利能力的不断下降大大增加了银行的风险。一个或部分借款人不讲信用造成的损失是局部的，如果市场中各经济主体普遍无信用可言，银行的信用也就无法维持，这就会产生信用危机，危及整个国家的经济秩序和国民经济的发展。如果建立了一套完善的社会信用体系，银行就可以充分了解社会中各经济主体的真实情况和信用记录，正确判断其信用水平，及时将客户信用风险预警发布同业，并采取各种防范和惩戒措施。这样，不但上述危害可以得到最大限度的遏制，同时各经济主体的信用行为也将得到规范，有助于社会整体信用水平的提高。因此，建立完善的社会信用体系对完善金融体系以及促进经济转型的顺利进行有着至关重要的作用。

二、完善信用体系是实现经济转型的必要条件

随着我国经济的不断发展，交易范围越来越广，交易过程中所需要的信息越来越多。但是与经济全球运行、信息公开化形成巨大反差的是，个人、银行和企业对自己的交易对象的判断也越来越模糊化、概念化、抽象化，交易过程中的不确定性也随之增加。从本质上讲，不确定性产生于必须拥有的

信息量与所能得到的信息量之间的差额。差额越大，不确定性越大。不确定性的增加导致风险的加大，风险的加大必然导致防范和降低风险的交易费用增加。从理论上讲，完全信息能降低不确定性进而降低交易费用，但在现实世界中，信息是不完全的也是不对称的。随着社会分工的细化，参与交易的成员越来越多，信息不完全和不对称的问题日益明显，由此导致的交易费用也迅速增加。作为市场经济运行的基础，完善的信用体系及其特有的功能能有效地降低交易费用。

一方面，信用体系能大规模高效率地收集、加工、处理交易的信息，尽可能降低交易过程中的不确定性。第一，交易费用产生的根源是信息的不完全和信息的不对称。通过信用体系企业能够方便地了解与自己交易的经济主体行为的真实性，从而保障企业的生产经营得以正常进行，进而使企业对银行的贷款需求不会出现非正常的萎缩；同理，信用体系能使银行系统地掌握企业的生产经营状况，迅速鉴别出企业信用的优劣，这不仅能降低银行为防范企业的逆向选择风险和道德风险所花费的收集信息的费用、实施监督和保护产权的费用、保险费用，还能降低企业为获取贷款所花费的交易费用。一旦交易费用降低，银企融资渠道得以疏通，则银行和企业均能正常发展。第二，在采集信息的过程中，信用体系同样要支付高额的成本，但由于信用体系实行信息共享，信息被重复使用的频率高，进而降低了信息的单位使用成本。

另一方面，信用体系能有效地防范潜在的风险，进一步降低交易费用。正如斯蒂格利茨所说：制定一份能排除所有风险的契约几乎是不可能的。同样，制定一项能收集所有信息的系统也几乎是不可能的。只要存在信息的不完全和不对称性，就必然存在不可测量的风险。但是信用系统能通过其特有的司法体系以及信息收集、传播迅速的功能对信用低劣的主体进行现实的法律制裁，并向全社会通报其信用劣迹，使其在未来相当长的一段时间内继续为自己的行为付出代价。总之，信用体系所拥有的惩罚系统能加大违约行为的成本，使违约主体意识到任何一种违约行为所得到的收益都远远不能弥补其付出的代价，从而大大消除全社会的违约现象，降低全社会为防范风险所付出的交易费用。

三、激发和促进中小民营企业进一步发展的需要

信用缺失是阻碍银企联系的重要原因。因此，要实现中小金融机构促进民营中小企业发展的作用，保证中小金融机构运营的安全性，必须有相应的信用机制作为支撑。许多国家的政府都实施了信用保证制度，如美国的中小企业管理局主要是以担保人身份出现，为中小企业提供贷款担保。日本的中小企业信用保证制度是由政府直接出资成立信用保证机构——信用保证协会；为了进一步提高贷款担保能力，政府还全额出资建立了中小企业信用保险公库，对保证协会进行再保险。信用保证协会和保险公司的建立，大大增加了日本中小企业从民间银行取得的贷款数额。中小企业联合起来，成立为共同成员获取贷款提供担保的集体担保组织，也是外国中小企业信用保证制度的另一种方式。如意大利的法律规定，中小企业联合组织至少应由50家小型工业、商业、服务业公司或符合法律规定的手工业公司组成，并拥有总数不低于5000万里拉的货币担保风险基金，这笔担保基金必须由参加本组织的各企业支付或筹集，而且，为小企业获得贷款提供担保的集体组织可以获得国家支持。

积极探索我国中小企业信用担保模式是解决中小企业融资和促进中小企业发展的关键。在中小企业信用担保体系中，中小企业信用担保机构是核心，它是政府间接支持中小企业发展的政策性扶持机构，属于非金融组织，这种机构不得从事金融业务和财政信用，不以盈利为主要目的并接受政府的监管。中小企业信用担保机构的资金来源有政府预算拨付、国有土地及资产划拨、民间投资和社会募集的资本金、政府信用担保基金、再担保准备金、会员风险保证金、国内外捐赠等。中小企业信用担保机构包括城市、省、国家三级，国家中小企业信用再担保机构以省级中小企业信用担保机构为再担保服务对象，省级中小企业信用担保机构以城市中小企业信用担保机构为再担保服务

对象，城市中小企业信用担保机构以社区商业担保机构和互相担保机构为再担保服务对象并从事授信担保业务。此外，中小企业信用担保基金也是一种积极的探索。它的服务对象限于中小企业，而且是符合国家产业政策、有产品、有市场、有前景的中小企业，尤其是高技术的中小企业；该基金对担保规模实行控制，对中小企业的担保额一般是几十万元，最多几百万元，提供担保的对象主要是中小企业的流动资金和短期贷款，在运作方式上，可以采取市场原则制、银行协商制以及反担保、再担保、强制担保等方式。

四、以现代信用为基础的市场要求企业必须诚实守信

从博弈论的角度看，企业总是寻找对自己最优的策略，以便付出最小的成本而获得最大的收益。在一个信息传递方便、市场监督机制健全的良好信用环境中，如果某家企业某次不讲信用并因此获得额外利益，但别的企业可以很快知悉并在其后的经济交易中拒绝对它提供信用，那么这家企业就会处于孤立状态，从而付出巨大的代价。因此，在信息传递机制和信用监督机制都很健全的信用市场环境中，企业不讲信用不是其最优策略；相反，其最优策略是讲信用，并防范交易对手不讲信用。目前温州信用建设的一个比较突出的特点就是，对信用建设的要求更多的是来自企业的呼声。温州企业和商会的一些自律措施已经较多地反映出现代信用信息和以现代信用为基础的市场有助于健全市场信息披露机制。根据信息非对称理论，市场交易双方所掌握的信息不同，部分人所掌握的信息总比另一部分人多。一方面，交易一方可能对实质性的信息缺乏了解；另一方面，交易的另一方可能故意隐瞒真实信息，这样就会导致交易双方所掌握的信息往往是不充分、非对称的。信息不充分与不对称现象，在产品市场、金融市场等各种要素市场广泛存在，这往往会使市场机制对资源配置的效率大大降低。信用信息可以保障市场发挥效率，使经济主体在不确定性中减少成本，保证或增加收益，使市场经济活动与交易不断延续。

总之，建立现代信用体系，客观上延长了市场博弈的过程与时间，减少

了潜在的欺诈行为，延长了交易的持续性，保障了市场的健康发展。在市场交易中，由于存在信息不对称性，交易双方都追求实现利益最大化，会尽可能地使出一切手段，包括隐瞒、欺诈、违约等行为，获取目标利润。如果没有信息传播的渠道与途径，信息是不完全和不对称的，那么，在没有信用体系约束的情况下，在一次性的交易中，又或者是在偶然的交易中，又或者是在以后再次交易概率极低的情况下，存在欺骗的可能性就会很大。

因此，建立以现代信用体系为基础的市场制度与管理体系，就能有效地保证市场经济的良好运行。事实也证明，越是市场经济发达的地区，就越要求诚实守信，就越迫切地要求建立现代信用体系，温州地区也不例外，在这一点上又走在全国的前列。

第四节　重新建立新的信用体系

温州在 20 世纪 80 年代经历过失信的挫折之后，率先在全国提出"打造信用温州"的口号。在那个年代，温州许多市场出现了销售假冒伪劣产品的现象，如乐清柳市的假冒伪劣低压电器、鹿城等地的劣质皮鞋等。1987 年 8 月 8 日，杭州市武林门公开烧毁了温州 5000 多双劣质皮鞋。自此，温州市场与温州产品成为"假冒伪劣"的代名词，这损害了温州经济的发展。温州政府为挽回温州产品与温州市场的声誉，采取了一系列措施，提出"质量立市"的战略，为温州市场发展打造更为广泛的信用平台，主要措施有以下几个：

第一，制定地方性法规和发展规划，着力提升产品质量和市场声誉。温州在全国率先制定有关质量立市的地方性法规——《温州市质量立市实施办法》，并提出"358 质量系统工程"（指经过 3 年、5 年、8 年的努力，使温州市主要产品质量达到或超过全国平均水平）。

第二，整顿和规范市场经济秩序，坚决打击市场上的假冒伪劣产品。国家质量技术监督局曾抽查了温州市 112 家企业的 115 批次产品，85 批次产品合格，抽样合格率为 73.9%，高于全国平均水平 1 个百分点。

第三，提出名牌兴业战略，把"质量立市、品牌兴业"提升到"品牌立市"的高度。截至 2004 年 5 月，温州已创出"中国鞋都""中国低压电器城""中国剃须刀生产基地"等 21 个国家级产业基地、7 个中国驰名商标、15 个中国名牌产品、52 个全国免检产品，成为全国知名品牌最多的城市之一。按照《浙江名牌产品跟踪管理办法》和《温州名牌产品跟踪管理办法》的要求，温州市质监局对温州市获得"浙江名牌产品"和"温州名牌产品"的企业进行了跟踪调查。2003 年，温州市工业名牌产品的销售产值达 418.72 亿元，占全市规模以上工业产品销售产值的 34.4%，占全市工业产品总产值的 15.6%；实现利税总额 46.03 亿元，占全市规模以上工业产品利税的 37.3%；出口创汇 8.27 亿美元。

第四，积极推进信用建设。温州过去在全国率先取得了市场经济的先发性优势，但在新时期，温州经济发展要取得新的突破，并保持生机与活力，必须加强信用制度的建设。温州人已经认识到信用是新时期的生产力，是完善市场经济运行的核心保障。为此，温州市委、市政府又在全国率先开始了信用体系建设，提出从 2003 年起，要通过 3 年左右的努力，初步形成企业信用、政府信用和个人信用的制度和规则；初步形成涉及金融、税务、工商、质监、统计、劳动保障、公安、司法等领域，统分结合、整体推进的信用监管体系；形成一定规模的信用服务业和一批信用中介机构；形成良好的社会经济发展环境。

温州人重视信用建设，在全国率先提出打造信用基础，符合经济发展的必然规律。这种对现代信用自觉产生的探求和渴望，说明温州经济已经迈入建立以现代社会信用体系为基础的信用经济阶段，温州经济已经开始第二次转型。

第五节　政府部门对信用体系的监管

当前，全社会已经认识到，信用建设落后的状况已经成为我国社会主义市场经济发展的巨大障碍。中共十八大提出，要"整顿和规范市场经济秩序，健全现代市场经济的社会信用体系"。中共十八届三中全会《关于完善社会主义市场经济若干问题的决定》进一步明确，要把建立健全社会信用体系作为完善市场体系的重要内容。建立社会信用体系，是完善社会主义市场经济体制一项重要的制度建设，是加快建设现代市场体系的基础性工作，是整顿和规范市场经济秩序的治本之策，也是建设社会主义精神文明、实现社会现代化的重要标志。作为我国较早建立市场经济的城市，温州正在积极开展与信用有关的市场创新研究，加速建立以现代信用体系为基础的现代市场，实现市场功能、结构、交易方式等方面的转型和升级。

一、建立全社会的信用体系

从信用学理论看，信用是授信人对受信人所做承诺（或双方约定）的信任，是市场经济范畴下的一种经济关系。信用不仅为市场提供了一种交易方式和支付手段，也提供了一种市场机制，对市场经济具有调节作用。信用是通过对信用风险的发生和发展的过程发生影响来发挥其作用机制的。本节我们从信用如何在现代市场中发挥作用来分析温州市场在建立现代信用体系中需要着重加强哪几个环节。

（一）信用对市场的影响阶段

按照时间顺序，将信用对市场的影响分为三个阶段：谈判阶段、风险阶段和失信阶段。谈判阶段是指信用交易发生之前，授信人与受信人之间进行关于交易契约的磋商阶段。磋商的内容可以非常广泛，其中对授信人至关重要的一项是对受信人信用状况的了解和把握。风险阶段是双方签订合同，授信人向受信人提供商品和服务，再到最终账款回收或确认损失之间的阶段。如果受信人在合同规定的时间期限之内还款，则此笔信用交易结束，信用风险没有发生；如果还款虽然逾期但欠款最终依然成功收回，则信用风险自动消除；如果授信人最终无法收回全部或部分账款，则意味着授信人直接经济损失的实际发生。在失信阶段，由于受信人失信，授信人最终无法全部收回账款，形成呆账、坏账，风险成为现实的损失。

（二）不同阶段信用对市场交易的不同作用机制

1. 谈判阶段的风险揭示机制

除了双方对合同的诸多条款进行磋商之外，交易谈判任务中最重要的就是授信人要研究是否应该授予受信人信用、授予多少、是否需要担保和保险等问题，并依据研究结论做出科学的授信决策，以避免信用风险的发生。这就是信用交易的风险揭示机制，其核心是受信人信用信息的收集和信用状况的分析。一般而言，授信人首先要全面深入地了解受信人的经济状况，其次在占有信息的基础上利用信用评级（分）技术对受信人进行信用评估，最后依据评估结果做出交易和授信决策。风险揭示机制实际上也是一种市场的优胜劣汰机制。

信用状况不佳、信用级别低下的市场主体将失去信用交易的机会，而信用良好的企业和个人则可以受益更多。所以，信用的风险揭示机制不仅可以保护授信人的微观利益，也可以在整个市场经济活动中建立一种公平竞争的机制，促进市场信用环境的优化和市场经济的健康发展。

2. 风险阶段的风险管理机制

授信人要在合同期限内对受信人进行动态跟踪，监控授出信用（账款、贷款、投资等）的安全，要在还款逾期以后运用各种手段对逾期信用进行追讨，力求挽回信用风险，降低损失程度，这就是信用的风险管理机制。信用的风险管理机制主要依靠信用管理的各种技术手段。目前，温州越来越多的企业和银行开始重视信用的风险管理机制，有的引进外部技术建立内部信用管理部门，有的以"外包"方式将信用风险管理委托给专业的信用管理公司完成。这些都有利于提高企业和银行的自身管理水平和风险化解能力，最终有利于维护市场经济的秩序。

3. 失信阶段的失信惩戒机制

失信惩戒机制是以市场手段对失信行为进行惩罚并对守信行为给以奖励的市场机制。失信惩戒机制以信息公开为前提，以市场调节为实现手段，是一种非正式的社会惩罚机制。失信惩戒机制是市场的基础性调节功能在信用方面的实际发挥。

通过以上分析，我们看到了信用是如何在市场交易中发挥作用的。为此，在温州市场建立以现代信用为基础的管理体系的过程中，也应该从以上三个阶段入手，分别建立相应的信用管理模式。要建立市场经营者的信用准入和信用评级体系，向市场如实公开信用信息，降低市场交易过程中的信息不对称程度。在市场交易进程中要适时监控和保障交易者的权益。在企业失信后要给以及时的惩戒，对不守信用的企业和个人的信用状况进行公示和曝光，使失信者进入信用"黑名单"并受到其他市场主体的孤立，而守信者将因受到广泛的认可而取得实惠。使不讲信用的企业懂得失信成本是远大于企业因此获取的收益的，从而减少企业的失信行为。

（三）改变信用交易方式

温州专业市场目前仍沿用以现金交易和买卖双方面对面交易为主的传统交易方式。携带现金和长途货物运输不仅具有一定的风险，而且还增加了运输成本。当前，我国市场的信用交易成分不断扩大，商业银行不断推出的包括信用支付工具、信用卡和消费信贷等在内的信用工具已经为大众所熟知，总体授信额度在快速增加。为此，必须开展信用网络交易模式，推进各个金融机构之间的信息联网，推动电子商务发展，降低消费者和企业的交易费用。

二、建立现代信用体系有关的措施

根据以上信用对市场机制影响的分析，我们就可以很清楚地按照这些阶段和相关理论，提出温州市场建立现代信用体系的相关措施和建议。

第一，完善市场信用立法。要界定企业商业秘密与公开信用信息的界限，界定消费者个人隐私与公开信用信息的界限。抓紧研究和出台《征信管理条例》《信用信息互联互通管理办法》《企业信用管理条例》《个人信用管理条例》等相关法律、法规和政策，同时抓紧修改《商业银行法》《商标法》《知识产权保护条例》和《储蓄存款管理条例》中的相关条款。

第二，建立企业和个人的信用数据库。首先从整合行政资源入手，把工商、税务、海关、贸易、交通、质检、药监、环保、劳动人事、公用事业、公安、法院、银行、证券、保险等有关方面掌握的有关企业和个人信用的数据资料，作为重要的信用信息资源，有序开放、充分利用。可考虑用国债资金支持信用基础设施建设，如基础数据库的建设，鼓励和支持我国政府有关部门按照标准建立数据库，如工商注册数据库及工商年检数据库、工业企业普查资料数据库、法院诉讼数据库、人民银行的企业借款还款记录数据库、企业产品质量投诉数据库等。在积极推进信用数据库建设的过程中要注意标准化。实现信用数据互联互通，促进资料交换和共享。积极推动数据库建设的过程中的标准化体系的建立，包括数据库结构和标准，信用数据格式、内容、指标和标识标准，数据库技术支持软件等应通用或相互兼容。

第三，建立市场的准入制度。就是为参与市场经营和交易的企业与个人建立资信档案，作为该企业或个人今后参与市场经营的信用准入和基础。

第四，建立信用风险管理制度。即建立信用制度与信用管理体系来约束交易行为，监控交易双方的行为，要使各个经济主体无论是在一次性的经济活动与交易中，还是在多次的博弈过程中，都诚实守信，自觉塑造自己的信用形象以及与交易对方的信用关系。

第五，建立市场退出机制，加强失信惩戒。要给予失信者和失信行为及时、有力的惩戒，综合运用法律、行政、经济道德等多种手段，使失信者付出与其失信行为相应的经济和名誉代价，直至被市场淘汰；使守信者得到各种便利和利益，获得更多的市场机会，不断发展壮大。对失信企业，各行政执法机关要依法进行处罚，主要有吊销生产许可证、执业证、营业执照，依法取缔等惩处措施，情节严重的要移送司法机关，追究法律责任。

第六，加强政府对信用市场的管理。主要是加强政府对市场的协调推动作用，促进市场和企业信息在政府部门之间、政府与社会之间合理和高效的公开与传递。政府要继续坚持整顿和规范市场经济秩序的工作，在制定和推动针对市场和企业的各种政策措施时，对讲信用和不讲信用的企业要严格区分，有奖有罚。

第七，加强社会诚信教育。培养全体社会成员的诚信意识以及市场主体的守法意识和自我约束、自我保护能力。

三、政府部门对信用体系监管的措施

改革开放 40 年来，温州已完成从家庭作坊式小商品经济到初级市场经济的转变。在这一转变过程中，温州政府在保护和促进经济发展方面发挥了重要作用。当前，温州是中国市场经济最发达的地区之一，温州经济发展面临着新的挑战，转型期的温州政府也面临着一些新问题。在新时期，温州政府如何进一步发挥作用，与企业一同迎接挑战，保持强劲的经济发展势头，是摆在温州政府面前的一个重大课题。本书主要探讨政府在温州经济发展中的作用，在当前经济转型中政府角色的转换，当前温州市场经济发展对政府信用的需求以及政府在信用体系建设中所起的作用。

（一）重奖创品牌企业

打造信用温州，大力改善投资软环境。温州政府在改善民营企业经营的外部软环境方面作了积极努力，对提高温州产品的竞争力起到了非常重要的作用。20 世纪 80 年代，温州曾出现过量大面广的区域性的生产销售假冒伪劣产品的现象，如乐清柳市生产、销售假冒伪劣低压电器，鹿城等地生产、销售劣质皮鞋，苍南县金乡非法印刷、倒卖商标标牌等。1987 年 8 月 8 日，杭州市武林门一把大火烧掉了温州 5000 多双劣质皮鞋。那一段时间，"假冒"两个字跟温州连在了一起，温州产品成了过街之鼠。全国性报纸的连续

曝光，国家有关部委在温州的打假行动，从整体上损坏了温州产品的声誉，削弱了温州产品的竞争力，伤害了温州一些骨干企业及那些多年坚持质量生产的上规模、上档次的企业，严重影响了温州区域经济的发展。

在这种情况下，温州市政府下决心担当起打假治劣的重任。市委、市政府采取了一系列提高社会信誉、提高产品质量、提高品牌效应的措施。1990～1994 年，温州各级地方政府采取各种措施，认真打假治劣。与有些地方政府对当地产品的实行地方保护主义，阻拦外地产品进入当地市场不一样，温州政府在外出的水陆交通要道设立检查站，对皮鞋、低压电器等部分产品出境实行准运证制度，严堵假冒伪劣产品流向外地。政府引导广大民营企业树立质量意识，基本上制止了区域性生产销售假冒伪劣产品的违法活动，使温州产品的声誉得以恢复和提高。

温州市政府确立了"质量立市"的战略，制定了我国第一部质量立市的地方性法规——《温州市质量立市实施办法》，并提出"358 质量系统工程"（指经过 3 年、5 年、8 年的努力，使温州市主要产品质量达到或超过全国平均水平）。温州地方政府将打假治劣与保护优秀产品、扶持名牌产品并举，取得了显著成效。1995 年产品质量抽检合格率达 88.9%，超过浙江省平均水平 1.27 个百分点；出口商品商检合格率达 98.93%，超过原定 98.5% 的指标。其中温州皮鞋质量提高尤为明显，1994 年国家技术监督局对 28 个省市制鞋业的统一检验表明，温州皮鞋合格率高于全国平均水平。温州产品质量与国际接轨工作启动较快。1995 年全市已有 13 家企业通过了 ISO9000 质量体系认证，分别占全省获得认证产品总数的 38.2% 和全国获得认证产品总数的 2.5%，获得质量认证产品共 212 个。

在质量立市的基础上，温州政府提出了名牌兴业战略，主要解决整个企业的质量上台阶、上档次、生产上规模的问题，解决创名牌的问题。通过第一个阶段的质量立市和第二阶段的创名牌，到 2002 年，温州已拿到全国 7 个驰名商标的名牌，通过 ISO9000 认证的企业有 1000 多家，占全国的1/3，获得国家免检的产品有 14 个，占了全国的一半。这标志着温州的产品质量已进入一个创名牌的阶段。

除了召开声势浩大的"信用温州动员大会"。温州市政府还采取一系列措施，开展地方信用建设工作。市场经济的高级形态就是一种信用经济，是一种信用的交易。温州人能适应以市场经济为取向的改革，并取得市场经济的先发优势，但要取得新的突破，并保持生机与活力，温州只有加强信用制度的建设。这不仅是为了规范市场经济的秩序，同时也是一种资质、一种信用的建立。温州信用建设以完善市场经济运行机制为目标，培育信用政府、信用企业、信用个人三大主体，强化信用制度、信用文化、信用监管，加强社会信用体系建设，创建机制、体制新优势。温州市委、市政府提出，通过3年左右的努力，初步形成企业信用、政府信用和个人信用的制度和规则，初步形成涉及金融、税务、工商、质监、统计、劳动保障、公安、司法等领域，统分结合、整体推进的信用监管体系，形成一定规模的信用服务业和一批信用中介机构，形成良好的社会环境。

（二）率先进行社会信用体系建设

就浙江省市一级单位来说，温州第一个提出要建立"信用温州"。温州市政府召开信用体系建设动员大会，开展一系列的信用活动，将每年的 8 月 8 日定为温州的信用日，并准备在较大的公园里面树立信用钟，警示市民处处要讲信用，时时要讲信用。信用分成三个层次，即政府信用、企业信用、个人信用。政府信用是基础，政府信用的核心就是要百分之百地兑现政府的承诺，要依法行政。在政府信用建设方面，主要是要明确职能定位，强化服务意识。温州市修订了一系列支持、鼓励民营经济发展的政策，放开非公有经济的市场准入领域，在政策上对不同所有制企业在融资、土地使用、纳税、外贸等方面都一视同仁，努力创造公平竞争的市场环境。温州市政府在调整企业（主体）、市场（客体）、政府这三者之间的关系时，退居幕后，突出企业的市场主体地位，充分发挥行业协会（商会）等中介组织作用，通过对行业组织充分授权，对政府部门管理向行业管理转变作了有益的尝试和探索，并积极引导鼓励行业协会争创行业品牌。有了政府信用这个基础，企业信用才会越来越好。企业信用是中国企业走向世界的一个通行证。

温州经济发展到现阶段，提高产品的附加值和品牌附加值已经被提上议事日程。2004年初，温州市委、市政府又提出"品牌是一种高潜质资源"的理念，把"质量立市、品牌兴业"提升到"品牌立市"的高度，全力实施打造"产业品牌"的长远战略，并确定了具体目标。为了推动"品牌温州"建设，2004年3月18日，温州市召开"全市打造产业品牌动员大会"，确立了实施打造"产业品牌"的长远战略。市政府分别给予首次获得"中国名牌产品"的报喜鸟、法派、庄吉、美特斯·邦威、正泰、德力西、天正和首次获得"中国建筑工程鲁班奖"的温州东瓯建设集团公司这8家企业100万元的重奖。

温州已创出"中国鞋都""中国低压电器城""中国剃须刀生产基地"等21个国家级产业基地、7个中国驰名商标、15个中国名牌产品、52个全国免检产品，成为全国知名品牌最多的城市之一。温州市和乐清市还分别被评为全国首批"质量立市"先进城市。

从温州经济发展的历程中，可以看出温州市政府在经济发展中作用的嬗变。从改革开放初到20世纪80年代，温州市政府在排斥私营经济的大环境下，主要致力于保护民营经济的生存和发展，20世纪80年代末，当温州假冒、伪劣产品泛滥成灾时，温州市政府便以提高产品质量为契机开始了温州信用体系建设的历程。在温州，信用体系建设一直延续至今：政府从1992年起开启了以提供公共产品为手段的服务工作，2002年治理"三乱"，改善投资环境；2004年进行以转变政府职能，改善机关服务，提高行政效能为主要内容的"效能革命"；举办轻工产品博览会、世界温州人大会、科交会等，为企业搭建平台。2004年温州市政府又开始进行一项新的工作，即启动产业升级。通过政府重新分配资源，扶持大的"品牌企业"为龙头，让各种中小企业加入产业链——这是温州市政府给经济发展设计的方案。至此我们可以更清楚地看出温州市政府从支持、保护民营企业发展到服务于经济发展，再到参与经济发展这一主线。其中信用体系建设是温州市政府工作的一项重要内容。政府保护民营经济、服务于经济发展，是积极的、无可争议的。而当政府试图重新分配资源，扶持龙头企业，则是冒险的。尤为重要的是，在温州已经完成了从计划经济向初级市场经济转变的条件下，政府参与配置资源，偏离了政府工作的方向。正如迈克尔·波特所说，"政府不应该参与到竞争的过程中去。政策的主要角度是改善生产率增长的环境，比如改善企业投入要素和基础设施的质量和效率，制定规则和政策来促使企业升级和创新。而产业政策却是尽力去扭曲竞争力"。由此可见，温州市政府在促进经济发展方面，面临着新的政策选择。

（三）建立全面发展的现代信用体系

在信用管理体系建设中，政府的主要作用是促进与信用管理相关立法的出台和强制政府有关部门和社会有关方面将征信数据以商业化或义务形式贡献出来，向社会开放。在信用体系建设上，中国目前已形成"上海模式""深圳模式"和"浙江模式"，但三者的共性是坚持"政府启动、市场运作"的思路。

建立信用体系主要是培育信用政府、信用企业、信用个人三大主体，加快"信用温州"建设。其主要内容包括以下几个方面：

一是促进与信用管理相关的法律法规出台，强制政府有关部门和社会有关方面将征信数据以商业化或义务形式贡献出来，向社会开放。

二是加强信用信息网络建设，让信用信息得到充分的共享。

三是加快建立信用数据的技术支撑体系，将温州乃至全国的数据以及和信用相关的信息加工成信用产品，也就是信用评估报告，并出售给需求者。

四是培育现代信用服务的企业主体，扶持和引导社会信用中介机构的发展。特别是要培育几家实力强、信誉好、管理手段先进的信用中介机构，逐步建立和完善信用信息采集、查询、评估、披露等完整的信用服务体系，完善对温州市信用中心的运作。

五是逐步建立信用监管制度。建立企业失信、个人违约行为的惩罚机制，建立覆盖全市的企业和个人不良记录警示系统和提示系统。由政府综合管理部门建立行政性的惩戒体系，对不守信者做出处罚的决定；由专业的监管部门对失信的行为做出监管性的惩戒，由信用服务企业做出市场性的惩戒，也就是以信用评估报告形式对失信行为进行传播，使失信者难以生存、发展，最后由司法部门做出司法性惩戒。

六是逐步建立政府信用责任体系和查究体系，进一步规范政府行为。政府信用是指政府对法定权力和职责的履行程度，表明政府在自身能力限度内的实际"践约"状态。政府失信将在社会整体层面上产生政治影响。一方面，政府信用对整个社会信用体系的良性运行具有主导责任。信用和信任是政府和社会秩序的主要原则基础。政府作为全社会的公共管理者，决定了政府信用是社会信用体系的基石，同时，政府信用也构成政治合法性的根基。另一方面，政府代理公共权力的信用水平，关系到公共责任和公众利益的实现程度。政府失信于民，表面上是政府威望的丧失，而本质上是对公共责任的猥亵和对公共利益的侵犯。

七是加快培育信用产品市场，关键是所提供的信用产品具有价值。通过市场的检验，表明信用产品是准确的、有效的，对企业、个人和社会是有价值的，它能够减少交易成本，或者提供决策支持等。

第五章　温州金融服务业对地方产业集群的支持与监管

产业集群的融资是经济组织形态发展和壮大的重要环节之一。本章以温州市辖内的柳市、龙港、萧江三镇为例，实证研究产业集群在融资方面的相对优势和银行业对产业集群的信贷支持。研究表明，产业集群在内部融资和银行间接融资两方面都具有可利用的特定优势，银行在支持产业集群的信贷实践中，也拓宽了创新理念，实现了效益的提高。同时，在产业集群发展和融资的过程中金融深化不足的问题也逐渐暴露出来。

产业集群是指在特定领域中由一群在地域上集中分布且有相互关联性的企业、专业化供应商、服务供应商、相关产业的厂商和相关机构构成的群体。产业集群理论目前在国内政策研究界和产业界都引起了高度重视，各项相关研究方兴未艾。产业集群现象对于地方经济发展的重要意义在于，其所产生的集群效应，不仅能够降低交易成本、提高效率，而且有利于改进激励方式，创造信息、专业化制度和区位品牌等集群财富。更重要的是，产业集群能够改善创新条件，加速生产力的发展，更加有利于企业的成长。

第一节　温州产业集群的出现及融资特点

我国的产业集群在 20 世纪 90 年代中期以后进入快速发展轨道，我国地域广阔，地区发展不平衡，这决定了产业集群必然是各具特色。目前主要集中在广东省、江苏省和浙江省的产业集群，在拉动地区经济增长、推动农村城镇化进程中功不可没。尤其是浙江，全省境内产业集群遍布。有关统计表明，浙江省目前拥有年产值亿元以上的产业集群区 500 多个，年产值达 6000亿元，平均每个县有 3 个产业集群。而浙江产业集群的发展又肇始于温州，温州在乡村工业化进程中自发形成的区域专业化，也即产业集群（或称为块状经济）是当地经济发展的关键性特征。温州的产业集群与其他地方相比有自己的特色。这里我们不妨将温州的产业集群与其他地区进行一番比较。

一、温州地区的产业集群与其他地区的异同

相同点包括：①产业集群基本上是由非公有制企业组成，而且绝大多数都是中小企业，甚至有一定数量的个体私营企业，温州作为浙江省产业集群的发源地，原本就没几家国有企业，产业集群内的国有企业占比不到千分之一；②绝大多数产业集群都是在农村与小城镇兴起的；③产业集群的雏形基本上是企业在市场力量驱动下自发形成的，但一旦产业集群出现后，地方政府往往都会积极参与、热情扶持，推动本地产业集群的发展；④行业协会在产业集群中发挥着重要作用，既便于为企业维权，更能促进整个行业健康有序发展。相较于广东、苏南等地，温州各行业协会、商会的集群效应尤为明显。

不同点包括：①温州的产业集群是依托当地工商业传统发展起来的特色品产业集群；②东莞的产业集群是外商直接投资驱动下的外向型加工工业集群，以 IT 产业为主导，尤以台商投资为主；③苏南的产业集群则以政府推动工业园区经济为重要特色，以电子信息产业为主导。

二、温州地区产业集群的独到之处

由温州 13 大行业撑起的国际性轻工城的雏形，有五个特点：一是产业经济优势突出。全市拥有轻工企业 17300 余家，2002 年轻工业产值 1396 亿元，

占全部工业产值的比重为 61.4%，从业人员 140 万人，占比为 66.5%。二是品牌创新成效明显。全市已有 16 个国家级区位品牌、7 个中国驰名商标和 15 个中国名牌，42 个国家免检产品，88 个省级著名商标，87 个省级名牌。三是园区企业初具规模。全市 72 个工业园区中，已投产企业 4551 家，完成园区工业产值 329 亿元，园区积聚度达 28.7%。四是企业机制逐步完善。突破家族式企业管理局限，逐步向现代企业过渡，并积极组建股份制企业。五是产品外销且与国际市场接轨。产品出口率超过 30%，高出全国平均水平 7 个百分点。目前，温州主要产业集群包括鞋业服装、印刷包装、塑料编织、眼镜、打火机、锁具、剃须刀、低压电器、皮革等，一些产业在全国市场占据的份额超过 50%。

温州市政府提出的建设国际性轻工城的产业规划，实际上就是一种对地方产业集群的自觉引导。产业集群的发展离不开外围支撑网络系统，包括金融服务体系。本章主要以温州柳市镇的低压电器、龙港镇的包装印刷和萧江镇的塑料编织三大产业集群为例，研究产业集群的融资优势和金融支持问题。

三大产业集群具有比较广泛的代表性，柳市镇在温州 30 强镇中排名第一，龙港镇和萧江镇分别排名第四位和第十六位。柳市低压电器产业集群的特点是形成了层次分明的企业梯队，无区域集团公司 22 家、年产值 5000 万元以上的企业约 50 家。其他产业集群则以中小企业为主，企业梯队不甚明显。龙港镇产业集群的特点是同时存在印刷、纺织、塑编、工艺礼品以及机械仪表等多个产业集群，因此对包括资金在内的社会资源的争夺比较激烈，导致当地银行信贷资金一贯比较紧张。萧江镇则相反，其工业经济高度单一化于塑编产业，企业户数为全镇 198 家中的 193 家。萧江镇虽然不属于温州 30 强镇的第一梯队，但其塑编产品占全国市场产品总数的 1/6，单一化产业也使当地信用环境特别优越，银企关系密切。

第二节 温州产业集群的融资过程

产业集群形成过程的自发性和空间分布上的积聚状态，决定了集群内部融资的重要地位。调查发现，产业集群在内部融资和争取银行贷款方面都表现出了相对优势，但银行支持在产业集群融资发展中往往是后续的和补足性的，造成这种现象既有企业本身的因素和社会环境的原因，也有商业银行经营观念、内部管理和从业人员素质等主客观原因。因此，在当时，温州市的产业集群发展特别是前期发展更主要的是依靠内部融资。①

一、集群内部融资多样化

集群内部融资主要包括集群企业的内源融资，即自有资金积累、企业之间货款形式的相互欠付和形式多样的民间资金借贷。

内部融资是当时温州地区集群企业资金构成的主体部分，合计超过了80%，特别是自有资金占总资产的60%，表明集群企业的资金自给率非常高，内源融资是企业扩张的主要资金来源。企业内源融资的具体形式包括盈余积累和股东增资。比较被调研的150家企业目前的自有资金和注册资本发现，前者是后者的70%，说明企业平均的盈余积累至少为70%，而且随着企业规模的扩大，盈余积累往往会更多。年产值5000万元以上的18家企业平均盈余积累达到84%。股东增资则体现了集群企业对社会资金的吸引力以及创业者不断地自筹资金和企业归并的趋势。产业集群内某些企业的良好发展态势往往会吸引社会上更多资本的投入，企业明晰的产权则为持续的投资提供了制度保障，从而实现了企业的更快扩张。另外，上游和下游企业之间的欠款

---

① 姚士新，张波．浙江农信小微企业金融服务实践与探索［M］．北京：中国金融出版社，2013．

和主要来自私人的借款分别约占企业资金构成的9%和13%，这在整个集群内部融资中属于比较边缘的资金成分，但同样不可或缺。

产业集群企业一般之所以遵循先内部融资再向银行借款的融资次序，是与产业集群的发展过程相联系的。第一，产业集群的产生和发展是一种自发的市场现象，不同于计划经济时代那种行政式的产业布局。而我国目前以国家银行、股份制金融和集体金融为主的正规金融，包括银行间接融资和金融市场的直接融资，都是由国家主导的计划式，这导致自发形成的产业集群在前期难以被纳入正规金融的计划性服务范围。第二，产业集群的发展是渐进式的，在发展前期并未表现出集群的性状和银企关系方面的优势，而且存在发展的不稳定性，因此只有当产业集群度过高风险期，形成集群优势时才会得到银行的支持。前期即使有银行支持，也是零星的、个别的。第三，温州的产业集群无一例外地具有私有经济的性质，而在20世纪90年代中期以前，正规金融的支持对象存在明显的所有制限制，体制内的金融难以对体制外的产业集群给予有效充分的支持。第四，改革开放以来，国家对全社会的金融控制有一个逐渐强化的过程，20世纪八九十年代开始的温州现金大投放、民间借贷风波的出现和延续至1989年温州银行全系统的贷差，说明产业集群发展前期也是民间借贷特别活跃的时期，而当时的银行信贷资金又是非常紧张的，这也决定了产业集群更多依靠其内部融资。

二、产业集群内部融资比较发达的前提条件

（一）社会资本和产业集群的相互强化，是产业集群内部融资的社会文化基础

社会资本是指"能够通过推动协调的行动来提高社会效率的信任、规范和网络"。各种社会资本形式之间的相似性使社会资本同物质资本之间存在某些关键性差异，这些差异主要表现在四个方面：一是社会资本与物质资本的最大区别在于它不会因为被使用而减少但却会因为不被使用而枯竭；二是与物质资本不同的是，社会资本不容易被发现、观察和度量；三是同物质资

本相比，社会资本更难以通过外部干预建立；四是全国和区域性政府机构强烈影响着个人赖以追求长期发展目标的社会资本类型与范围。在产业集群形成的社区，企业具有类似的历史渊源和独特的产业环境，相互熟知，彼此之间基本上没有商业机密可言，生产的社会化分工又使这些企业的交往和联系非常密切，因此社会资本相当发达，产业集群内的企业可以通过协调行动来提高整个集群的生产效率，包括资金借贷和债权债务方面的协调，而且温州农村非组织形态的"抱团"现象十分流行，更容易形成根植于家庭结构或"抱团"现象等人际关系的商企联系和集资、借贷关系，成为产业集群内各商业圈或资金链的基础，并通过各种方式对破坏人们信任关系的人或行为进行惩罚来强化社会资本。

（二）产业集群内企业的私有产权和治理结构为集群内部融资创造了条件

在温州，私人产权及产权保护的概念和企业的私人化、家族化治理等观念根深蒂固。以龙港的包装印刷产业集群为例，425 家印刷企业中，有限公司为 114 家，股份合作制企业为 178 家，个体企业为 100 家，独资私营企业为 21 家，具有非私人产权性质的集体企业为 9 家，只占 2%。除新雅集团等个别大型企业外，全部是所有者自己经营或家族式经营。关于企业盈利的积累，按照被调查企业主的说法，是"肉都在锅里煮着"，也就是说，除家庭的生活支出外，很少有"大餐分红"的情况，因此企业的自有资金积累比较迅速。

（三）当地的资市积累为产业集群的内部融资提供了资金来源

温州的社会经济发展至今已经积累了丰厚的社会资金，特别是产业集群发达的乡镇，一般都是经济发展较快的区域，民间资本也更加丰富且活跃。对温州柳市镇的调查显示，柳市镇 10 户中等收入家庭合计拥有自有资金 5216 万元，银行借款 1253 万元，其中房地产投资 1390 万元，占 35.1%，产业经营投资 760 万元，占 19.2%，在银行和农村信用社存款 638 万元，占 16.1%，股市投资、收藏和手持现金共计 289 万元，占 7.3%，还有用于民间借贷和消费的资金，占比分别为 5.7% 和 16.6%。与 1998 年相比，10 户人家在房地产投资上增加了 26 个百分点，经营性投资减少了 22.8 个百分点，行社存款增加了 8 个百分点，民间借贷减少了 12.3 个百分点，消费支出比例基本持平。另一项温州居民家庭资产结构调查显示，目前温州居民储蓄存款已占总资产的 37.8%。由此可知，温州居民家庭掌握的除了已纳入银行体系之外的民间资产存量有 1400 多亿元，这还不包括民营企业的净资产。柳市发生的两个典型案例也说明了当地社会资金的丰富程度：一是柳市附近农村发生了一起集资诈骗案，一个村损失资金 4900 万元，但并没有出现村民情绪过激等情况；二是柳市民间曾有人在 3 天之内集资 6.8 亿元资金，投向石家庄旧城改造。如此丰厚的民间资金，为当地产业集群的内部融资和发展提供了源源不断的支持。

（四）细致的生产社会化分工和密切协作，使集群企业之间相互拖欠货款成为常态

龙港镇印刷包装产业已经形成了原材料生产供应、印前制版、印中、印后盖光、装订以及庞大的销售网络所组成的相互配套的社会化专业分工协作产销体系，许多企业仅完成其中一道或几道工序，但全镇整体就如同一个大印刷企业。企业之间的原材料、半成品供应采取时时流通、定期结算的方式，相互之间的货款挂账成为非常正常的情况。当地的结算一般是在端午、中秋和春节前夕，因此，应付货款成为大多数企业的一种融资来源。在企业规模档次分明的柳市镇低压电器产业集群中，大型集团企业在一定时期内无偿占用外围卫星企业货款的现象更加普遍，如正泰集团长期占用卫星企业销售款达数亿元，一般规定 3~4 个月还款，提前取款则要收取类似贴息的财务费用。

第三节　银企关系在产业集群的作用

相对于产业链内化的大型企业和单个游离的中小企业，产业集群内的中小企业在与银行的关系方面具有不同的特点。产业集群的组织形态，为银行处理其与集群企业的信贷关系提供了诸多优越条件。

一、产业集群的根植性，克服了企业融资行为的道德风险

所谓产业集群的"根植性"，是指集群中的企业对当地的专业化市场、协作配套商和熟悉的客户群体具有很强的依赖性，当地特有的产业文化背景和制度环境为企业的生存和发展提供了天然优势。以龙港镇的包装印刷业为例，山东泰安市政府为了吸引该镇包装印刷企业前往投资，提出了免费提供土地、厂房以及减免创业税收的优惠政策，而且当地劳动力极为低廉，这些条件都是龙港镇难以比拟的。但当地除个别龙头企业在泰安开设分部外，并未出现产业迁移的现象，原因就在于龙港镇具有独特的产业文化和制度优势，如拥有由数万供销员组成的营销网络，生产环节的社会化分工以及产业链的存在使各企业库存接近于零，生产周期缩短等。泰安可以提供投资的硬环境，但这些优势却无法轻易模仿，个别企业迁移的机会成本很高。在这种情况下，企业与当地银行的合作是多次且重复的，企业一般不会出现借款进行高风险投资以博取高收益，出现风险再向银行转嫁的行为，因为一旦发生这样的道德风险，企业就很难在当地继续发展，又不容易易地生存，这使它们比单个游离的中小企业更注重信用，更注意回避具有道德风险的行为倾向。

二、集群企业的稳定性，减少了银行信贷的逆向选择

在一个比较成熟的产业集群中，各家企业在产业链中所处的生产环节和市场份额具有相对稳定性，企业可能会有产权的转让，但很少会倒闭，这种稳定性有助于减少银行信贷的逆向选择倾向。我们重点调查的三个产业集群均有 10 年以上的产业发展历史，但除个别案例外，很少有知名企业破产的情况。少数企业抓住机遇取得了迅猛发展，这种发展体现为整个产业的增量拓展，并不是以争夺、占用同业企业的市场份额为代价，因此产业集群中的企业一般只有发展快慢的差别，而没有发展与衰败的分野。在这种产业环境中，

企业的资金需求一般就是较快发展带来的需求，而不是挽救败局的需求，银行针对信息不对称的信贷逆向选择就较少发生，从而增加了企业获得贷款的机会。例如，柳市镇低压电器业是一个企业规模和档次分明的产业集群，其中的大中型企业都得到了银行宽裕的授信，而产值在 500 万元以下的小型企业贷款较少，资金需求也不强烈。一些小企业主反映，若没有争取到更多的工业用地，就无须申请更多的贷款，而少量资金需求通过民间借贷来解决会更便利。银行贷款与企业规模、企业资金需求程度的配套关系，说明了银行逆向选择的情况在当地并不明显。

三、产业化降低了银行与个别中小企业打交道的交易成本

银行信贷的交易成本主要包括贷前调查、贷中审查和贷后检查的成本。对于产业集群内的中小企业而言，银行可以通过统一的产业发展前景调查替代对逐个企业的市场调查，而且还可以从行业协会、地方政府的产业规划中获得更多、更完备的产业信息。贷中审查，如对设备抵押物的审查，在产业集群中也是通用的，单一且熟悉的产业也便于银行掌握各家企业的实情。同时如前所述，较高的道德风险成本和产业单一化的区域性格局，减少了企业挪用资金的可能性，银行贷后检查的任务相应减轻。

总之，银行在与产业集群化的中小企业客户群体打交道的过程中，可以获得外部经济效益，降低信贷业务的交易成本，因此可以突破贷款的"规模障碍"，服务于小客户，各个信贷人员经管的小额贷款客户数是在其他环境下难以达到的。如柳市、龙港、萧江三镇 14 家行社共有 117 名信贷经营和分管人员，24404 户贷款户，户均贷款 27 万元，信贷员人均经理贷款 208 户，扣除操作较简便的 4426 笔个人消费贷款，人均经理企业和个体户生产性贷款 171 户，经济的产业集群化带来了银行信贷人员劳动力的集约化。

四、小额贷款降低了银行的信贷风险

无论是对大型企业还是对单一游离的中小企业而言，产业集群贷款都有

利于降低银行信贷风险。

首先，产业集群内中小企业集中，如柳市镇生产低压电器及配套产品的中小企业和众多个体户有1000多家，银行信贷风险控制中的大数定律这一原理就可以发挥作用，使坏账占贷款规模的比例保持一个比较稳定的数值。而且，企业贷款金额不大，不还钱的收益与由此带来的名誉损失相比往往得不偿失，不像大额信贷户一样"债多不怕讨"。

其次，银行内部人员的道德风险问题由于寻租的分散化而得到规避，原因是面对的信贷客户小而多，信贷经营人员难以有效设租，企业也缺少实力进行寻租。

最后，产业集群内灵活高效的企业产权和设备转让市场，为信贷风险提供了事后的弥补机制。如柳市的某集团企业由于股东内讧、流动资金不足宣告破产，拖欠工商银行3300余万元贷款，但由于该企业集团的品牌在全国有一定知名度、生产设备先进，很快被当地的一家企业集团兼并，拖欠工商银行的债务全部得以盘活。

五、银行利润率相应提高

与大企业相比，银行在与其产业集群内中小企业的贷款关系中具有更大的利率价格决定权，可以提高贷款利率浮动幅度，最高可上浮至35%。如龙港镇的印刷包装产业和萧江镇的塑编产业绝大部分是中小企业，两地银行、信用社执行的贷款利率水平都比较高，没有出现银行和信用社同业间相互压价竞争的问题。柳市镇的低压电器产业则有22家无区域集团公司，一般年产值超亿元，这些大型企业与银行在贷款利率上进行讨价还价，使银行同业间的压价竞争比较激烈，压低了当地的贷款利率水平。

与单个游离的中小企业相比，银行对产业集群内中小企业贷款能够取得规模效益（例如前面所说的交易成本的降低），实现银行信贷的劳动力集约化经营，成本利润率相应提高。

产业集群与产业链内化的单一大型企业的差别之一，是前者减少了大企业的内部管理成本，但相应增加了企业间市场交易的成本，银行则可以通过帮助集群企业降低这种市场交易成本来实现盈利。最典型的表现是票据业务的一些做法，如企业应付货款时，开出商业承兑汇票向银行贴现，以贴现资金作为保证金再申请银行承兑汇票向对方付款，结果银行贴现增加了，存款增加了，承兑汇票业务也增加了，银行为企业创造了临时性的支付结算工具，得到了多种利润，但是某些商业银行的做法在合规性方面还有待于进一步研究。

第四节　温州金融业对产业集群的金融支持

前面的分析表明，产业集群内中小企业的间接融资存在相对优势。它充分说明和印证了温州银行业对产业集群的融资支持力度、方式和效益。

一、产业集群内中小企业的间接融资存在相对优势

温州的柳市、龙港、萧江三镇共有 11 家银行机构，除柳市镇中信实业银行分支机构外均为国有独资银行，另有 3 家农村信用社。镇级行政区域平均有 4.7 家银行或农信社机构，其密集程度已相当高。至 2013 年 9 月末，三镇行社存款余额 73 亿元，贷款余额 66 亿元，存贷款比例达到 90.4%，比温州全市高 16 个百分点，表明三镇银行资金的运用非常充分。另外，由于产业集群拥有明显的资金吸引力，来自区域之外的银行信贷支持也不可忽视。例如，作为低压电器产业集群龙头之一的正泰集团 2003 年获得了国内四大国有银行 125 亿元的授信贷款和美林国际银行的 5 亿元贷款。不仅龙头企业如此，一般的中小型集群企业也不限于向本地银行借款，据调查，温州现有的 8 家股份制商业银行均在不同程度上进入了三镇的信贷和票据市场，业务总量约为当地银行的 1/3。因此，不计大型企业集团所得的授信，三镇的信贷总规模

约有 90 亿元。

二、当地特色的产业集群是银行信贷支持的重点

分析三个集镇的信贷投向结构可见，当地特色的产业集群是银行信贷支持的重点。三镇合计的 66 亿元贷款中，扣除个人消费贷款 8.5 亿元，剩余部分有 33.5 亿元为企业法人贷款，24 亿元为个体户自然人贷款和农户贷款，分别占全部贷款的 51% 和 36%。自然人贷款主要以房产抵押的方式投放，具体投向是多方面的，难以细分，但由于三镇个体户主要从事各自所在区域的特色集群产业及配套行业的生产经营，可以断定大部分个体户贷款为与集群产业相关的贷款。企业法人贷款主要投向三大产业集群的倾斜结构则非常明显，三镇低压电器、包装印刷和塑编产业的企业贷款余额共 24.8 亿元，占全部企业贷款的 74%，比 2002 年三大产业产值在各镇工业总产值中的占比高了 10 个百分点，三大产业中的贷款企业 647 家，约占集群企业总数的 40%。

三、产业集群的银企关系具有多方面优势

在信贷方式上，由于产业集群的银企关系具有多方面优势，一些创新型信贷业务在产业集群中得以更好地施行。

（一）扎根于产业集群的民营化信用担保机构发挥了沟通银企、引入资金的作用

例如，温州银信担保公司由龙港包装印刷行业筹集 993 万元担保基金设立，分别在温州市区和龙港镇成立网点，通过担保操作，吸引股份制银行向该产业集群发放贷款。目前发生信贷关系的包括交通银行、广发银行、招商银行等银行，2001 年 6 月以来已累计担保 2 亿元。

（二）支持产业集群的工业园区建设，创新园区信贷运作模式

如龙港镇的小包装工业园区主要容纳小型包装印刷企业，规划建设了 20 幢标准厂房，由工行和建行提供 4500 万元标准厂房按揭贷款，解决了 160 多家小型企业的厂房投资问题。标准厂房的按揭贷款业务目前尚属首创，也只

有在产业集群的环境下才能实施。

（三）产业集群的良好信用氛围，为信用贷款发展创造了条件

温州银行业在试点和推广小额贷款营销中，率先在产业集群化程度高、社会信用环境良好的萧江镇开展了信用贷款的试点。萧江的国有行社和市区股份制银行共向当地塑编企业发放了 1.3 亿多元信用贷款，这是银行信用方式贷款在企业所有制、企业规模等方面的根本性突破，使信用放款不再局限于政府项目、国有企业和大型企业。

银行对产业集群的金融支持带来了良好的经营绩效，这可以用银行资产质量和利润水平两项指标来说明。据统计，三镇银行和信用社不良贷款共 8497 万元，占全部贷款的 1.29%，比温州全市同期不良贷款率低 1.64 个百分点。而三大产业集群的贷款质量更加突出，三大产业集群形成的不良贷款仅为 1353 万元，不良率只有 0.55%，可见，信贷结构向产业集群倾斜和集群贷款的良好质量保证了当地的不良贷款率能够维持在一个非常低的水平上。三镇 14 家行社共实现账面利润约 14450 万元，当年信贷资产利润率约为 3.7%，比全市平均水平高 1.7 个百分点。14 家行社共有员工 633 人，人均年利润 22.8 万元，若排除基本上属于劳动密集型的 3 家农村信用社，银行的人均年利润则达到 32.3 万元，分别比全市银行（不包括农信社）人均年利润高出约 10 万元和 20 万元。资产质量和利润水平两项指标不仅反映了银行自身的经营绩效，更重要的是，也反映了银行业对社会资金的配置效率。对产业集群信贷的高利润率和低不良率，说明这部分信贷配置是高效率的，积极促进了产业集群的发展。

但我们也应看到，银行贷款在集群企业资金构成中的占比平均不到 20%，而银行实际上已经在其资金能力范围内尽了最大的信贷努力，存贷款比例超过了 90%。这一低一高的两个比例数据表明，目前产业集群内银行业的金融深化程度还非常低。由于银行中介的资金只占社会资金的有限份额，集群经济的大量资金游离于银行业之外，这导致银行资金实力不强，制约了当地银行的信贷支持能力。影响金融深化程度的主要因素有两个：一是利率

管制，特别是存款利率的整齐划一，限制了银行吸收社会资金的能力。苍南县农村信用社和银行曾在 20 世纪 80 年代自发展开了利率的自由化变革，但随着国家利率管制政策的逐步介入，利率浮动的自由度实际上被削弱。二是缺乏生长于产业集群内部的社区性金融机构，只有自上而下延伸的国家银行和传统的农村信用社。三镇在 20 世纪 90 年代都曾出现了独立法人、民营性质和社区化的城市信用社、金融服务社和农村基金会，但由于这些机构自身经营的问题和金融监管上的缺陷，在 2001 年之前全部被撤销或者兼并，来自社会底层的金融深化运动由此遭遇挫折。

第五节　　融资优势和金融支持的深化

一、加强产业集群前景研究，深化信贷支持

产业集群的发展趋势决定信贷的风险程度，如瑞安场桥镇的羊毛衫产业集群，在 1996 年达到高峰后迅速走向衰落，给当地银行和信用社造成了沉重的坏账负担。而影响产业集群发展的主要因素，既有地方政府产业规划、产业市场容量、技术领先水平、产业政策以及贸易壁垒等集群外部条件，也有产业集群的组织结构、竞争手法等集群内部状况。前者的反面案例，如永嘉桥头镇的纽扣产业集群就因专业领域狭窄与市场内向化（纯国内经营）而出现衰退，后者如场桥镇羊毛衫产业集群，因为产业组织演化程度低下，一直到 1999 年还没有形成名牌产品和领头企业，大多数为家庭作坊经营，产业竞争单纯依靠相互压价，这使产业集群的竞争力不断下降。因此，银行必须利用自身的信息、人才优势，加强与当地政府、行业协会的合作，进行产业集群发展前景的前瞻性分析，确定信贷的投向结构，对于出现不良倾向的产业集群，银行应持谨慎态度。

二、加快培育产业集群中的领头企业、创新型企业

温州以轻工业为主的产业集群基本上已经度过了初创期，但绝大部分集群的企业组织形态仍然以"小型"和"家族制"为主，产业以技术模仿、劳动密集的低成本、低门槛、高竞争行业为主，创新型集群企业较少，这使产业集群面临严重的市场竞争和技术滞后问题，即使像非常成功的柳市低压电器产业集群，在拓展高压电器产业方面也遇到了突出的技术障碍。因此，应加快培育技术创新能力强、治理结构更加合理的大型领跑企业，引领产业集群在组织形态、技术能力上进行新的飞跃。在融资方面，培育大型企业不能仍然依靠产业集群的企业积累和民间借贷，而应该与现代金融体系更密切地接轨，包括鼓励企业上市、增加银行授信、发行企业债券等。银行应在明确重点支持的产业集群的基础上，进一步研究确定集群内部最具潜力的核心企业，加强与这些企业的业务联系，集中资金加大支持力度。

三、合理利用产业集群内部的合作资源，创新信贷支持方式

产业集群内部中小企业之间有密切的生产协作关系和融资借贷关系，在资金运营方面也自发形成了丰富的合作资源，这为银行创新产业集群的信贷方式提供了良好的基础环境。第一，由行业协会或核心企业出面组建担保公司或其他形式的联保网络，可以将集群企业结合起来作为银行的信贷对象，规避银企规模不对称问题，增强产业集群的谈判地位，同时增强信贷资金的安全性。第二，银行可以凭借对集群企业经营状况和信誉的深度了解，区别不同的产业集群形态，发展信用贷款业务。对于以大企业为核心，形成分级下包制度的中小企业集群，如柳市的低压电器产业集群，银行可以根据卫星企业与核心企业的包销合同关系和核心企业的生产状况，对卫星企业进行信用贷款。对于由纯中小企业构成的生产高度社会化分工的产业集群，如龙港的包装印刷产业，可以通过购货方银行向销货方银行提供诸如"销货方产品确有销路"等打包方式，对销货方进行信用贷款。

四、发展社区性金融机构，推进产业集群的金融服务深化

目前产业集群的正规金融服务，主要来自外部嵌入式的国家银行体系。银行信贷政策的统一化和产业集群的地方性之间仍然存在一定程度的紧张关系，正规金融服务深化程度有限，传统的民间金融活动成为不可缺少的补充。但即使存在这种深化不足、关系紧张的金融制度安排，产业集群仍为金融业创造了可观的经营绩效，可见产业集群能够提供广阔的金融盈利空间和制度创新潜力。因此，推进金融深化不仅能为产业集群发展提供更好的金融服务，也可以在比较宽松的环境中进行金融体制的创新。特别是应考虑放宽金融市场准入限制，在国家银行体系和传统民间金融之间，发展地方民营化独立法人的金融机构特别是社区银行组织，利用社区银行与产业集群密切联系的天然优势，实现产业集群的金融服务深化。作为过渡性的制度创新步骤，可以分设社区信贷银行和社区储蓄银行，各自专门负责信贷资金的放与收，由金融监管当局自身或委托国家银行进行存款资金和信贷资产的打包转售，以此规避民间社区银行的账外经营和存款支付风险。相应地，灵活的利率政策对于社区银行实现金融制度深化、引导社区银行的规范经营同样必不可少。

第六节 政府对农村金融的监管

我国要构建和谐社会，就必须保持金融业的健康、稳定发展，这离不开农村金融业的稳定、持续、健康发展，同时还需要加强政府对农村金融的监管。研究我国农村金融协调发展及其监管问题是一个前沿性和对现实极其重要的课题，极具理论和实践意义，它至少可以归结为以下几个方面：①

---

① 祁敬宇. 我国农村金融的协调发展及其监管 ［M］. 北京：中国金融出版社，2010.

一、农村金融协调发展及其监管

第一，运用财政和货币政策解决农村居民的民生问题，尤其是农地补偿问题。在大力推进农村工业化、城镇化建设过程中需要征用大量农民土地，然而农村耕地占用补偿额度低且补偿往往不到位、层层截留，一些地区农村不合理的收费和负担也造成农村资金大量流出。

第二，农村金融市场的协调发展与监管问题。农村民间借贷在活跃农村金融市场、扩大农户生产经营资金来源、促进农村个体私营经济发展等方面起到了积极作用，但也容易引发诸如债务纠纷、为追求高盈利而冒险或投机（甚至将资金用于赌博、吸毒等严重违法活动）等问题，一旦发生欠债不还的情况，有的贷款者通过暴力威胁甚至一些带有黑社会性质的追债公司收回借款，严重扰乱金融秩序和危害社会稳定。加之民间借贷利率较高，许多企业或个体户从民间所借资金的利率水平一般都比较高，从而加重了借款者的负担。正是由于民间金融潜藏着一定的金融风险，而且出现多例金融诈骗、集资人携款潜逃等问题，民间金融才更需要进行必要的规范和保护，加强对农村金融的监管。

第三，农村金融的发展与宏观金融调控问题。农村金融宏观调控体系不健全，货币政策在农村传导不畅。由于非正规金融市场活动的存在，大量资金在体外循环，影响央行货币政策在农村的传导效果；同时，非正规金融市场活动在一定程度上扩大了货币供应量，而这一部分货币供应量又在中央银行的监控之外，且波动缺乏规律性，造成经济运行中实际货币供应量的波动也趋于加剧，这就增加了中央银行对实际货币供应量的控制难度。

第四，农村信用体系建设问题。由于农村信用体系的滞后，工商、税务、银行等部门关于农村企业、广大农户的信用信息分散闭塞，还没有形成统一全面的覆盖广大农村的征信体系，农村金融机构很难了解和掌握企业和个人的资信状况，既为农村金融机构防范信贷风险带来很大的困难，也为央行实现预期货币政策传导效果增加了一定的难度。

第五，农村金融的协调发展中存在许多问题，如农村产业政策、科技教育等，而对农村金融机构及其监管、财政政策和货币政策的协调吻合等需要进行深入研究。

对农村金融问题进行研究，是解决"三农"最迫切的问题和关键环节之一。然而，在农村金融发展中存在许多问题，其中农村金融的协调发展及其监管就是最薄弱的环节。农村金融发展问题关系国计民生。农村金融的发展应当是一个系统发展问题，同时，由于农村金融发展的薄弱和不足，对农村金融的发展必须要加强监管。因此，农村金融的协调发展涉及金融监管、农村金融、金融协调发展、保险、财政等方面的研究，尤其是对农村金融发展和农村保险问题的研究。我们应当立足于我国农村金融发展实际，紧扣农村金融的"协调发展""金融监管"两条主线，运用多种方法进行研究。

二、农村金融机构的内部控制

金融机构"高风险"的基本特征及其在国民经济体系中的特殊地位，决定了建立金融机构内部控制制度的重要性。这一点无论是城市金融机构，还是农村金融机构都不例外。当前，一些新型农村金融机构由于成立时间短，工作人员素质参差不齐，以及各方面的工作还未到位，在这种情况下，加强农村金融机构内部控制的意义更为重要。建立并不断完善农村金融机构的内部控制，是农村金融机构在追求自身经济利益过程中安全稳健运行的可靠保证，能够保障农村金融服务对象的利益，进而促进农村经济社会的稳定发展。农村金融机构内部控制包括对农村金融机构决策层的权力控制、组织设置中的权力制约和操作层的岗位监督，这对建立规范、系统、可靠的金融机构内部控制系统，从而有效防范金融机构所面临的巨大经营风险，有着至关重要的作用。

（一）内部控制对于农村金融监管的重要性

内部控制的重要性是基于以下两个基本设想：一是两个或两个以上的人或部门无意识地犯同样错误的机会是很小的；二是两个或两个以上的人或部

门有意识地合伙舞弊的可能性大大低于单独一个人或部门舞弊的可能性。内部控制一旦形成一个统一的系统，并与企业的经营活动融为一体，就能够在实现经营目标的过程中对不断变化的情况做出积极反应。

金融机构的内部控制是金融机构的一种自律行为，是金融机构为完成既定的经营目标而制定和实施的涵盖各项业务活动，涉及内部各级机构、各职能部门及其工作人员的一系列具有控制职能的方法、措施和程序的总称。

商业银行内部控制的定义还可以细分为两个层次。按照控制的范围来划分，可分为内部会计控制和内部管理控制。其中，内部会计控制是内部控制的核心内容，是指商业银行为鉴别、分析、分类、记录和报告业务经营及其相关活动而建立起来的会计方法和措施；内部管理控制是内部控制的具体方法，是指商业银行为提高经营效率，确保经营决策得以实施，在组织结构、人员素质、授权审批制度、职务分离、法规、内部审计等方面采取的一系列具有组织、制约、协调功能的业务控制措施及程序。

按照控制的内容来划分，内部控制又可分为总体控制和内部应用控制。前者是对全局的控制，目的是有效地贯彻执行管理层制定的企业经营战略和政策；后者是为保证各项业务的每一个环节安全、高效运作而实行的控制，目的是促进经营目标的实现。

从我国农村金融机构的内部控制来看，还有许多要改进的工作。例如，农业银行内部审计开始在全系统按年由省级分行组织开展对县级支行经营机构的内部控制综合评价工作，在全系统按年由省级分行组织开展对二级分行的内部控制综合评价工作，在农业银行全系统按年由总行组织开展了对一级分行的内部控制综合评价工作。多年的内部控制评价实践表明，内部审计在农业银行开展内部控制综合评价的实践活动中走了一条由基层向高层扩展且下评一级的道路，即从基层县级支行经营机构开展内部控制评价着手摸索经验，逐步总结向二级分行、一级分行高层延伸拓展内部控制评价的范围和半径。这种渐进扩展式的内部控制综合评价活动使农业银行各级分支机构内控状况明显改善，经营管理行为逐年得到规范，经营效益逐年得到提高。但当前还存在一些不容忽视的问题。

（二）现行内部控制评价体制与农村金融业的发展和要求还存在差异

近年来，内部审计在农业银行各级分支机构开展的内部控制评价活动受到行政约束的限制，具体来说：一是省分行以下内部评价机构都由一级分行管辖领导，经营管理与内部控制评价表现为一种支配与被支配的关系，从体制上缺乏内部审计在农业银行分支机构开展内部控制评价的独立性。二是内部评价人员的工资分配、费用管理实行属地原则，内部评价人员与被评价行存在利益关联，从而人为削减了评价人员行使内部控制评价职能的独立性。三是内部控制监督委员会与业务自律监管职能部门之间的管理体制未能充分理顺，这主要表现在内部控制监督委员会未制定工作例会和定期听取业务自律监管职能部门工作汇报的制度。四是省分行对二级分行推行派驻制以后，将二级分行内控监督委员会设在监察室，日常评价工作对省分行派驻办实施。这种双重管理使分行内部控制管理不统一，且与国有商业银行的一级法人模式不对称。五是在制定内部控制评价办法、操作规程时缺乏对基层业务人员和内部审计人员意见的广泛征求，而这些人员才是业务经营制度、办法、操作规程的具体实践者和监督者，并对其业务经营适宜程度和风险防范的效果有亲身体会。六是农业银行业务发展的日新月异与内部控制评价标准修订的严重滞后之间矛盾突出，如农业银行中间业务的拓展和"三农"业务的运营，在现行内部控制评价标准中难以找到相关的评价环节。

（三）农村金融机构内部控制的目标

内部控制作为体现在管理活动中的某种具体手段和技术，具有悠久的历史。15世纪末，借贷复式记账法在意大利产生，这标志着会计业务的内部牵制方法开始走向成熟。到了19世纪末，在资本主义经济发展较快的国家中，会计牵制和其他一些控制方法逐渐成为企业管理的重要手段。到今天，内部控制已经成为一种企业制度和文化。

随着企业规模的日益扩大，企业内部结构越来越复杂，于是内部控制也越来越成为实施有效管理、实现管理目标的客观需要，在发达国家的企业特别是大型企业中，内部控制技术得到广泛应用。20 世纪 70 年代以来，对内部控制制度结构的研究继续深化。美国注册会计师协会在 1988 年的文告中，将控制环境、会计控制、控制程序确认为内部控制结构的三个要素。1992 年由美国会计学会、美国注册会计师协会、内部审计师协会、管理会计学会等专业机构组成的科索委员会发布了题为《完整的内部控制结构体系》的报告，将内部控制结构确认为五个有机联系的要素，即控制环境、风险评估、控制活动、信息与交流、监督与控制。

纵观内部控制从最初发生到形成管理科学的历史，大致可以看出以下的演绎轨迹：内部控制方法首先在经济组织内部产生，其次在外部审计和外部监管的推动下获得长足的发展，最后又在经济组织内部得到广泛应用。内部控制首先是一种一般的管理行为，其次在财务会计领域发展为成熟完备的体系，最后又扩展到管理活动的各个方面。内部控制形成了完整的科学体系并最终确立了其在管理活动中的重要地位，是有着内在根源的、是现代企业制度逐渐成熟、企业规模大型化的必然要求。

商业银行运用内部控制来组织、协调、规范自身的经营和管理活动，而内部控制应该有明确的目标。商业银行无论在建立内部控制制度之始，还是在不断加强和完善内部控制体系的过程中，都应该牢牢把握住内部控制的目标，才能做到有的放矢，使内部控制的各项方法、措施及程序在自身的管理和经营中有效地发挥作用。

总体来讲，商业银行内部控制的目标就是要保证既定经营目标的实现。商业银行的经营目标就是在兼顾安全性和流动性的同时，追求利润的最大化。正是为了实现这一目标，商业银行管理层才需要建立和运用内部控制的管理技术和手段，为其提供必要的保证。所以，在建立和完善内部控制体系的过程中，内部控制目标一定要服务于商业银行的经营目标。

由于金融业务的特点以及金融企业在国民经济体系中的特殊地位，各国的农村金融监管当局为发挥外部监管的权威性和有效性，对商业银行如何建立内部控制体系提出了明确的要求。自 20 世纪 90 年代以来，在建立和健全内部控制体系的过程中，各国的银行监管机构都对内部控制的目标作了明确的阐述。如 1998 年，巴塞尔银行监管委员会《关于内部控制制度的评价原则》公布后，美国联邦储备银行发表公告，要求美联储系统监管的所有银行、银行持股公司和所有在美外资银行都要遵守这一评价原则，促进其内部控制目标的实现。巴塞尔银行监管委员会及美联储从外部监管的角度提出，商业银行及其他金融机构的内部控制应该达到保证金融机构稳健运行的目标。

三、对农村信用社的监管

农村信用社这一农村合作金融组织当前面临许多发展的问题。从信用社金融监管的角度思考，需要明晰几个问题。

（一）农村信用社的属性及其对金融监管的影响

农村合作金融组织——农村信用社的发展现状表现出独特的景象，这就涉及了我国农村合作金融的性质问题。目前，农村合作金融商业化的现象突出，没有完全遵从合作金融的宗旨，农村合作社的商业化趋势正影响着农村信用社的发展。

农村信用社这一合作金融组织的商业化趋势，同政府行为有关。大体以 1996 年《国务院关于农村金融体制改革的决定》的颁布为起点，从那时起全国各地先后成立了县联社、农村合作银行等，将"盈利性"纳入合作金融组织，而这显然是与合作金融的宗旨相背离的。农村信用社一旦走向商业化经营，就会偏离合作金融组织的方向，于是农村信用社在县联社的基础上又成立了省联社，从而使农村信用社这一合作金融组织在商业化的道路上越走越远。事实上，我们可以看到，当前我国农村合作金融唯一可以体现其存在的，恐怕只有残余的"合作社"这一招牌名字了，此外，合作金融的身影似乎已经难觅。农村信用社名为农村合作金融机构，实质已经基本退化为各级地方政府主导下的农村商业金融机构，这不但没有能够解决农村金融的需求，反而导致农村金融抑制问题越发严重，成为"三农"发展的主要障碍之一。农村信用社的商业化趋势，也是农村信用社经营管理中存在的问题的渊源。

　　面对这一现实，要改善和加强对农村信用社的金融监管，必须先从理论上进一步明确农村信用社的属性，澄清农村合作金融的误区，只有正本清源，才能保证农村信用社的健康发展。

　　合作金融何以能走向商业化，如果单从表面分析，似乎是因为合作金融在信息对称方面不如商业金融机构有优势，经营规模和管理水平也不如商业银行，因而会被商业银行替代。然而，殊不知农村合作金融组织因为其社员的特质、专业、地域等关系而形成的适度规模，正是农村合作金融组织的优势所在。

　　农村金融的一大特征就是地缘和人缘方面较城市商业银行更具特殊性，而合作金融组织的经营决策者可以基于这种在人缘、地缘甚至是血缘的关系而对农村合作金融组织社员的相关信用信息进行较为全面的了解和把握，甚至可以完全有别于城市商业银行的放贷，即在抵押物不足甚至完全缺乏抵押物的情况下向信用社成员发放信用贷款。这是以这种贷款的互助性属性为基础的，而不是商业银行的商业性贷款。由于信用社成员之间的互助、互约，农村信用社这一合作金融在我国农村自然有其存在和发展的土壤。

　　农村信用合作社和城市信用合作社一样，作为我国基层合作金融的存在形式，它们担负的责任和服务的领域有所不同。农村信用社的存在基础是农村（自然村），县（市）农村信用社联合社可以看作合作金融体系中的第二层级组织，第三层级是农村信用社省（自治区、直辖市）联合社。

　　当前农村合作金融组织——农村信用社以县联社为统一法人的做法和省联社的成立，在经营管理机制方面有悖于农村合作金融的属性，这种做法虽然貌似加强了信用社的管理，但不可避免地又使农村信用社这一合作金融组织成为一个规模庞大的组织，它的经营权、决策权、管理权高度集中到县联社和省联社，而我国农村幅员广阔，情况复杂，要使县联社和省联社的决策者全面充分地掌握基层信用合作社社员的全部详细信息几乎是不太可能的，也不现实。这势必会使农村信用社在经营管理中出现问题、积累问题，最终会偏离农村信用社的宗旨。以农村信用社的省联社为例略加分析。本来农村信用社的省联社应该提供的管理职能是行业自律和服务职能，但在现实中，省联社由于有"省政府授权"而拥有了广泛的行政管理权，热衷于管理，而服务功能却被忽视，使合作金融各层级之间在业务上互有分工、相互配合的格局名存实亡，为基层社员提供融资服务的功能也被异化。三级合作金融组织之间呈现资金自下而上的商业化趋势，背离了合作制的经营原则；管理上呈现自上而下的行政化趋势，背离了合作制中的社员民主管理原则。

而要降低贷款风险，保证经营安全，唯一有效的办法就是县联社和省联社的决策者也效仿商业银行的做法，像商业银行的经营管理者一样要求农村信用社的社员提供相应的担保物、抵押物才发放贷款给其社员。这样，基层合作金融组织的存贷款比例就呈现"剪刀差"的趋势，并没有起到合作金融组织应有的作用。于是，农村信用社越来越像商业银行了。农村信用社的经营管理者这样操作，金融监管部门自然也只能这样进行金融监管，可以说，对农村信用社金融监管的商业化趋势正是源于农村信用社在经营管理上背离了农村合作金融的宗旨，走向了商业化。

（二）对农村信用社的监管要体现合作金融的宗旨

要保证农村信用社的金融监管不偏离农村合作金融的属性，首先需要保证农村信用社的经营管理不偏离合作金融的宗旨；要防止农村信用社偏离合作金融、出现商业化，就必须充分体现合作金融组织的比较优势——适度规模下合作金融组织内的信用信息对称。而信息的掌握程度其实又同农村信用社这一合作金融的产权问题相关。信用社的产权问题会影响组织内部的信息对称程度。从货币政策的执行情况来看，我国基层合作金融组织的存贷款比例很高，吸收的存款远高于其发放的贷款。在这种情况下，本着服务"三农"的宗旨，农村信用社理应通过开展金融合作成为农村金融的"造血机"，可是在现实中，农村信用社非但没有成为"造血机"，反而成为农村金融的"吸血机"。

县联社作为农村信用合作社实际上的管理机构，其主要职能体现在资金涮剂和业务指导监督两个方面。而各级金融监管部门对于农村信用社的金融监管也应尊重其经营自主权。比如履行行业自律管理；指导农村信用社健全法人治理结构、完善农村信用社内部控制制度；指导、协调金融电子化建设；指导员工的培训教育；对农村信用社业务经营、财务活动、劳动用工和社会保障及内部管理等进行辅导和审计；组织农村信用社之间的资金调剂；参加资金市场，为农村信用社融通资金；提供信息咨询服务等。

对农村合作金融进行监管，要淡化省联社、县联社的管理职能，强化其服务职能；通过必要的金融监管夯实基层合作金融组织的业务能力，这需要从农村信用社体系层级设置上加以完善。应该保持我国现有的"基层信用合作社—县联社—省联社"的三级层级基本框架，防止基层合作金融转变为商业化或行政化的金融机构。充分体现每个基层合作金融组织的"独立与自治"，这包含两个层面的意思：一是独立于行政力量和其他金融组织；二是每个合作社之间（特别是不同层级之间的合作社之间）保持相互独立。显然，这一点是同农村信用社的产权制度有关。如果农村信用社内部由产权明晰带来较高的信用度，那么，农村信用社保持合作金融组织比较优势的可能性也就较大。同时，农村信用社产权清晰以后，又会改善合作金融组织之间的管理方式，那种上下级之间领导与被领导的关系会被削弱，从而更加充分地体现出合作金融的本质属性。而产权不明晰只能加剧上下级之间的隶属关系，必然会出现农村信用社这一合作金融组织的经营决策权向上级集中的趋势，而越往上其决策者保持信息对称的难度就会越大。

（三）关于农村小额贷款的监管

确切地说，农村小额贷款并非专属于农村信用社的业务领域。事实上，农村小额贷款同农村正规金融与非正规金融之间是交叉关系，也就是说，正规金融和非正规金融都可从事农村小额贷款的业务，这些金融机构其实应包括政策性、开发性、合作性和商业性的金融机构，以及小额贷款机构、担保公司、租赁公司等创新型金融组织形式。笔者之所以在此对农村小额贷款进行阐述，主要是因为农村小额贷款具有合作金融的属性，加上农村小额贷款目前还处于方兴未艾的状态，尚有许多需要探索的内容。总体来说，小额贷款由于其具有合作金融的属性，可以成为中国农村地区信贷市场的重要补充，对于完善农村金融市场具有积极的意义。

小额贷款对于金融监管部门而言，严格的政策监管、完善的法律保障、有力的政策扶持、机构自身的管理以及小额贷款需求者自身信用意识和市场观念的培育，都是保证小额贷款良好发展、确保其合作金融属性的重要环节，而有效的金融监管是实现小额贷款可持续发展以及向农村低收入群体提供贷款不可或缺的制度保证和条件。

在提及农村小额贷款的金融监管时，还有必要提及 2005 年联合国在推广"小额贷款年"时提出的普惠性金融体系概念，可以说农村小额贷款同普惠性金融体系有着千丝万缕的联系。普惠性金融体系立足于"三农"，面向贫困、偏远的农村客户群体，并力求降低客户群体和金融机构的成本。它强调让大规模、可持续性的金融服务将中低收入人群充分融合到金融体系的微观、中观、宏观三个层面中，而这基本上对应着我国的正规金融、非正规金融。从金融监管层面审视普惠性金融体系，可以将其划分为不同的层面。

对于农村小额贷款微观层面的金融监管侧重于建立直接面对客户的多层次金融机构以及根据不同人群的金融需求配之以适当的金融工具，并对这些金融工具，特别是金融衍生品进行监管。由于农村小额贷款所面对的客户是农民，因此，面对这些金融工具，监管部门更需要对其安全性进行监管。

对于农村小额贷款，中观层面上的金额监管要立足于建立各种必要的金融基础设施，包括有效区分政策性业务和商业性业务；构建对农村小额贷款进行监管的社会环境，比如内部控制、会计、审计、征信、转账支付系统、信息技术及上述内容的人员培训和服务项目等。

对于农村小额贷款，宏观层面上的金融监管要求是同政府的宏观金融调控、货币政策、财政政策以及产业政策密切相关的。要确保农村小额贷款的良性属性，需要政府建立稳定而有利的宏观政策环境，允许竞争和多元化的农村金融服务机构蓬勃发展，构建良好的农村金融监管框架。在解决农村金融问题的各种尝试中，小额贷款作为一种扶贫和促进金融发展的新型金融方式，已经被世界上越来越多的国家所认可，成为普惠性金融体系的一种实现形式。它对于缩小个人收入差距和解决区域发展不平衡等问题起到了很好的推动和促进作用。

通过必要的金融监管，实现对小额贷款机构这种农村金融组织的创新，将有效地促进经济发展的政策性目标与金融机构商业化经营原则的有机结合，在探索农村传统目标和现代金融方法之间走出一条新路。它将有效解决中国农村金融创新不足、增加农村金融供给、缓解农民贷款难等问题。与此同时，农村金融监管部门需要对这些机构的合理分工、功能互补、有序竞争、协调发展进行必要的监管，使其形成一个相对完整的金融体系，更好地服务于"三农"。

小额贷款公司是监管部门将民间资本引入农村的积极尝试，同时只是审慎的暂时性方案。由于在政策制定初期，银监会没有参与相关工作的制定，央行与银监会政策"错位"导致小额贷款公司的积极性受到相当程度的打击。民间小额贷款机构的合法性地位以及后续资金的来源依旧是困扰其持续发展的最重要问题。相关部门应将民间机构纳入管理范围之内，在严格监管的基础上，给其更大的政策发展空间。需要强调的是，农村剩余劳动力的加速转移和流动将导致小额贷款机构风险增加，小额贷款机构还缺乏针对农户流动性增加而制定的灵活多样的措施。这应是小额贷款机构下一步考虑的重点。

政府在对农村小额贷款机构进行金融监管的同时，需要逐步对其加以规范，力争把其纳入普惠性金融体系的框架之内，积极引导民间资本流向农村，允许多种模式、多种所有制的小额贷款机构开展相关业务。要针对小额贷款机构及其业务的特点，建立一整套管理小额贷款和小额贷款机构的政策措施和法律，提供专属性的政策优惠，协调政府、银行与小额贷款机构间的关系。在外部服务方面，通过现代信息技术建立小额贷款征信系统，并将其纳入中国人民银行征信系统，实现相关信息在机构之间的共享。只有这样才能促进农村小额贷款和民间金融的健康发展。

第六章　温州中小企业的成长及金融支持

温州是我国改革开放以来市场经济最主要的发祥地之一。在过去 40 年的时间里，温州大量的中小民营企业以其顽强的生命力、良好的运行成效和高成长性给世人以强烈的震撼。中小民营企业不仅在温州区域经济中占据了绝对的主导地位，而且其本身亦已成为使地方经济富于活力和效率的支撑体。

中小企业要有效聚集生产资源，实现稳定的可持续发展，同样需要外在宽松的金融环境，需要有与其发展相适应的现代金融体系的高效服务。近年来，改善针对中小企业的金融服务已经开始引起决策当局的关注，并出台了一些相关的政策措施。而对于温州这样一个中小企业具有标志性含义的区域经济体来说，如何构筑与中小企业的成长及融资需求相适应的规范、高效的金融制度安排和创新环境，更具有现实的战略性意义。

第一节　温州中小企业的发展历程与现状

改革开放之初，家庭联产承包责任制这一在我国体制变迁史中具有特殊意义的制度创新，在温州较早地并以较低的摩擦成本得以推行，从而为大批农村剩余劳动力从农业部门转移出来并向第二、第三产业流动创造了制度前提，进而给当地经济带来了积极的就业效应、投资效应和收入效应。以个体工商户为主体的民营经济在温州随即出现飞速发展，相应地生成了以家庭工业为基础，以 10 万农民购销员为桥梁，以专业市场为纽带的极富创新意义的"小商品、大市场"的地方经济发展格局。20 世纪 80 年代中期以后，温州的个体工商户和私营合伙企业在与政府推行的强制性供给主导型改革的制度博弈中，根据对制度的潜在收益与成本的比较，实现了家庭工业由分散经营向"挂户经营"并继续向"股份合作制"的制度演进。挂户经营与股份合作制这些创新形式，通过租借旧制度的外壳，有效地规避了意识形态的风险，改善了个体和民营中小企业原本受歧视的经营环境。到了 20 世纪 90 年代初期，邓小平南方谈话和中共十四大精神为温州中小民营企业的发展构筑了新的制度环境，促成潜在的、原本被抑制的制度创新需求得以释放，使民营中小企业进入了以提高总体素质为核心的"二次创业"的加快发展阶段。①

近年来，温州中小企业的组织形式加快了向有限责任公司等规范的、现代的形式转变，在产品销售方式上突破了以专业市场为主渠道而优化为有形市场、无形市场双轮驱动的方式，企业的布局方式亦从前店后厂式的分散式生产向工业小区、工业园区集聚转变，从而能够获取外部规模经济。并且，投资领域亦不断拓展，民营企业已从过去单纯的生产性投资开始越来越多地向旧城改造、通信、医院、学校、水利、交通等基础设施建设和公益事业领域渗透。经过 40 年的快速发展，一大批已经成长起来的温州民营企业已基本完成了资本原始积累，正日益以技术创新、产品升级、完善专业化分工与协作以及增强企业和产品的国际竞争力作为新的发展方向。

民营企业不仅有力地推动了区域经济增长，而且也增强了经济的活力，加速了城乡一体化进程。个体和民营中小企业以市场机制的平等和效率原则为运行基础，以真正的市场主体的身份自我生存、自主发展，起到了发展市场经济的先导力量和探索力量的作用。伴随着民营企业的兴起，市场经济的意识得到了传播，一批会经营、懂管理的企业家人才脱颖而出，经济领域中

---

① 史晋川，黄燕君，何嗣江等 . 中小金融机构与中小企业发展研究 [M]. 杭州：浙江大学出版社，2003.

有效竞争的局面逐步强化，公有部门的改革得到了有力促进。个体和私营企业的全面发展，同样也成为了有效吸收农村剩余劳动力的"蓄水池"，随着区域劳动、资金等生产要素不断从农村分离出来，向功能分工、布局合理的工业小区集中，使城镇规模日益扩大，推进了温州城镇化水平的提高，加快了区域经济向城乡一体化发展。现实表明，个体和私营企业的发展是改革开放后温州经济持续增长并充满生机的最为重要的因素。

第二节 温州中小企业融资结构的发展变化

在促进企业成长的诸要素中，资金毫无疑问是显著的贡献因子之一。现实经济生活中资金可以从多种来源方式中形成，资金来源的结构也即企业的融资结构。融资结构可以反映出企业的融资能力及某一地区在特定时期的金融发展水平和金融结构状况。那么，对于温州众多的民营中小企业来说，其在兴起过程中的资金来源渠道和融资结构又如何呢？

受各种内外条件的制约，初始阶段的民营企业从"小打小闹"式的自我积累和零负债投资起步，走的是一条"自力更生、自我发展"的投资经营之路，通过"投入—产出—再投入—再产出……"滚雪球似地发展。在此基础上设法获取外部资金的支持。有关数据显示，1992年以前，温州市民营中小企业的发展资金主要是通过合伙集资、企业盈利和劳动积累等内源性融资方式获取，企业实收资本中个人资本就占60%左右。[①]

外源融资的形式主要包括民间借贷和金融机构信贷两种，其中民间借贷是主要的外源融资方式，金融机构信贷融资所占的比重相对较低，占比在30%以下。据统计，1984年至20世纪80年代末，温州市场上的货币流通量中，国家银行、城乡信用社的资金只占20%，民间资金市场借贷占40%，经

---

① 周德文，吴比. 温州民营经济创业史［M］. 杭州：浙江工商大学出版社，2011.

营者自筹占 40%，也就是说，民间借贷的资金量为银行、信用社贷款量的 2 倍。另据瑞安市人民银行 1988 年对该市埭头村的一次调查，全村民间借贷余额为 90.5 万元，约占其全部生产经营资金的 1/4。金融机构对企业和个人贷款余额为 43 万元，仅占全部生产经营资金的 11.2%。民间借贷的具体形式包括直接的资金借贷、"银背"以及集资等，资金主要来自当地和毗邻地区的生产闲置资金及养老、防老的积蓄。民间借贷利率的确定一般是以资金供求关系为基础，并根据借贷者的信誉等因素由双方直接商定，月息在 25% ~ 50%。而就占比较低的正规金融部门信贷这种外源融资方式的内部结构而言，当时国家银行在资金配置上坚持的是"唯成分论"，"信贷政策"要求其以"确保对国营、大集体企业的资金供应"为己任，金融资源的配置完全不以实际部门的贡献为导向，民营中小企业基本上被"割裂性"地排除在国有金融部门的服务范围之外。因此，事实上主要是由城市、农村信用社等地方性中小金融机构对其提供力所能及但却具有金融深化含义的资金支持。如城市信用社，其贷款投向绝大部分放在"两小"企业上，从 1984 年创办到 1990 年 6 月底，全市城市信用社累计发放贷款就达到 164280 万元。

然而，自 20 世纪 90 年代初以来，温州民营中小企业的融资结构逐渐发生了改变。从整体上看，自有资金所占比重仍然最大，但民间借贷这一资金来源出现萎缩，而金融机构贷款占比则明显上升。根据对 71 家民营企业资金来源的统计，目前自有资金、金融机构贷款和民间融资这三者的比例约为 6.5：3.6：1，从金融机构的借款约占企业总负债的 74%。在调查中，当问及资金短缺首先想到从何处借入时，95 家民营企业中有 83 家选择了金融机构，约占 90%。在金融机构中，城乡信用社等地方中小金融机构主要面向个体、私营企业等中小企业提供融资服务，温州全市城乡信用社 1999 年 9 月末对个体和私人企业、乡镇企业与其他短期贷款（很大部分是个私贷款）三项余额合计为 66.9 亿元，占其全部短期贷款余额的 90.1%。虽然以中小企业为支持对象，但由于城乡信用社目前所拥有的市场份额与国有银行相比差距较大，从对中小企业资金支持的绝对量上来比较，国有金融部门所持比重明显上升。

1999 年底时，温州全市金融部门的前述三项贷款余额为 171.9 亿元，经估算，城乡信用社、城市商业银行等地方性金融机构的占比大体为 50%，相应地，国有银行在此三项贷款中的占比已略超过 1/2。这说明，以金融机构为中介的间接融资已成为民营中小企业主要的外源融资渠道，而且在这当中从国有银行部门获取资金这一渠道开始占据相当的比例。

总之，温州的民营中小企业的融资已由过去的以民间借贷为主、以金融部门贷款为补充的外部筹资方式演变为以金融部门贷款为外源融资的主渠道、民间借贷占比急剧下降的新结构。并且，在中小企业所获取的金融部门贷款中，也由以往的以农村信用社、城市信用社等地方性中小金融机构所构成的民间金融部门为主导，转变为国有、民间金融部门双轨并重的格局。

第三节　温州中小企业融资结构逆转的原因

融资结构反映了企业通过不同来源和渠道所筹集的资金之间的相互比例关系，它是企业融资行为的结果。企业的融资行为，是企业在既定的约束条件和金融制度安排下，基于对融资风险、融资成本与融资收益的比较所作出的。从经济学上来分析，20 世纪 90 年代以前，温州的民营中小企业选择通过民间借贷融资，这是与当时严重的金融压制和政府对金融市场的过度管制密不可分的。

无组织的民间借贷在某一地区的繁荣活跃，其基础在于当地的信贷需求大于金融部门的信贷供给。从信贷供给上来看，作为金融压制的重要手段之一，对存贷款利率的人为限制严重阻碍了资金的生成。利率水平的确定不是建立在资金供求关系的基础上，而是建立在国有部门的承受能力及物价水平变动等因素的基础上，使利率水平处于受抑制的状态。

众所周知，在不少年份中政府的官定利率低于通货膨胀率，从而造成负的实际利率。温州地区经济快速增长，其物价升幅相应地高于全国其他地区，因而在统一的官定利率下其实际利率负值的程度更深。因此，人们对有组织的金融体系敬而远之，导致其资金集散功能弱化，信贷供给能力下降。加之国有金融部门将个体和私营经济部门排除在其信贷配给的范围之外，对这些属于体制外的部门实行完全歧视性的信贷服务安排，并对民营金融事业同样实施较多的严格管制，致使整个有组织金融部门对个体和私营中小企业的信贷供给力度处在极其低下的水平。

另外，从需求方面来看，对信贷资金的需求却很旺盛。如前所述，改革开放后温州率先通过需求诱致型的制度变革为其自身构筑了一种较之于其他地区十分明显的"体制落差"优势，引发了个体和私营中小企业的迅猛发展，带来了经济结构和经济格局方面深刻的变化。一个庞大而活跃的个体和私营中小企业部门的存在，必然衍生出对融资和金融服务的强劲需求。

建立在产权明晰基础上的民营中小企业，善于发现和捕捉住有利的市场盈利机会，而多年的计划经济管制放松后，经济生活中原来蕴藏的极多的投资机会开始显示和释放出来，因此，对于个体和私营中小企业而言，其从事投资的预期资本收益率较高。然而就市场化运作的个体和私营企业来说，资金的配置必须先于资源的配置，为了摆脱创业或扩张经营规模时自有资金有限的制约，在巨大的盈利前景的诱导下，个体和私营中小企业对获取外部资金支持的需求近乎是饥渴性的。

供求关系的严重失衡，金融结构与经济结构的不适应，在这种背景下，受"潜在利益"的驱动，民间借贷这种传统的信用形式自发地被民间利益主体所利用并且兴起，形成了一个游离于官方信贷市场之外的"替代性金融市场"。民间借贷市场上，借贷利率不受官定利率的制约，而是随行就市，虽然其水平比官定利率高许多，但仍较明显地低于一般的投资边际生产力水平，从个体和私营企业的角度来看，以高利率获取资金从事生产仍是合乎理性的。正是由于存在充裕的投资机会，资本的报酬率较高，民间借贷的高利率并没有严重影响个体和私营企业的投资，也即投资对利率的弹性很低。

20 世纪 80 年代中后期，温州市私营企业的资金年平均收益率高达 100%~120%，对利息的承受能力相当强。然而，较高的利率（正的市场利率）对储蓄资金的形成产生十分积极的刺激作用，改变了以往单纯依赖于购买实物保值的行为倾向，有力地吸引民众将剩余资金投入民间借贷市场。这就使民间借贷市场在当时表现出相当繁荣的景象。

事实上，信息是银行贷款决策的基础，如果未能掌握充分准确的信息，也就意味着银行贷款的风险是极其巨大的。对于长期与国有企业打交道的国有银行来说，刚刚兴起的非国有中小企业完全是"新面孔"，并不为国有银行所熟悉，在缺乏独立的资信评估机构可资利用的情况下，两者之间的信息不对称的程度是较严重的。因此，即便没有制度方面的对非国有企业融资的种种限制和歧视，在这种场合下，国有银行对非国有企业的融资也是存在着明显的障碍的。而在民间层面，人们之间在长期的交往或者说重复博弈过程中，有关个人资信方面的信息已经较充分地外化，个人相互之间拥有较多的关于对方的信息存量，因此就民间个人而言，甄别贷款人类型、剔除信用低劣者，提高识别率是较为容易的。这就有效地促进了民间借贷交易的发生和量的扩大。此外，民间借贷所具有的一些独特优点，如借贷手续简便、资金投向灵活等，较好地适应了个体和私营企业这一特定群体的融资需求，为其在当时特定环境下的发展创造了前提条件。民间借贷的存在，一方面提高了社会储蓄率，产生了积极的储蓄效应，另一方面缓解了个体和私营企业对于资金这一稀缺资源需求的紧张状况，并且在一定程度上使部分原本流向预算软约束的、低效率的国有部门的资金转而流向具有显著效率优势的个体、私营企业，避免了资金的浪费性使用，改进了资源配置的效率，提高了资本的平均社会报酬。民间借贷作为一项对借者和贷者都有利的诱致性制度变迁，其产生和发展自然就在情理之中。

20 世纪 90 年代初之后，温州中小企业的融资结构开始发生逆转性的改变，从深层次原因上来探究，不难理解这是政府推行的渐进式金融改革逐渐地在一定程度上消除金融压制以及金融深化有所推进所引致的结果。具体而言，主要缘于两个方面：一是在温州实施利率市场化改革的试点；二是对国有金融部门施行供给主导型的局部制度变革，逐步解除官方信贷市场对民营中小企业的分割状态。

第四节　温州中小金融机构的发展困境

在温州中小企业融资结构的变迁过程中，地方性中小金融机构则经历着从兴起发展到金融组织体系中支持民营中小企业的主力再到对中小企业的支持力度相对弱化，其支持民营企业的地位呈现了被国有金融部门逐渐取代之势的运行轨迹。这一方面与国有银行部门的贷款对象转向有关，另一方面也与中小金融机构在整体信贷市场中的份额大幅度萎缩，从而对民营企业的支持能力下降有关。

一、中小金融机构的产生与特征

从源头上考察，中小金融机构的产生、成长是温州当地经济的市场深化所引致的结果。改革开放后随着多种经济成分的崛起，温州开始形成以个体和私营企业、中小企业为主体的经济结构，然而已存的国有金融组织不能提供与这种经济结构相匹配的有效的金融服务。非公有制经济成分巨大的融资和金融服务需求的存在推动着民间力量进行金融组织形式的创新，使城信社等中小金融机构应运而生。以城信社为例，针对"两小"企业"开户难、贷款难、结算难"背后所蕴含的市场机会，1984 年，温州开始创办城市信用社，属全国创办最早的地区之一，且发展势头强劲。

城信社等中小金融机构规模小、运行成本较低、运转灵活，比较适合个体和私营中小企业融资需求所具有的"额小、面广、期限短、随机性大"的特质，并且这类机构扎根基层，对个体和私营中小企业的情况较为了解，双方之间的信息不对称程度不甚严重。诸如此类的天然渊源构成了双方发展业务关系的良好基础。更为关键的是，温州当地基本上是按股份制方式组建的城信社等中小金融机构，从建立之始就表现出具有较明晰的产权结构。一些城信社以自身属于股份制企业为由，来回避政府的规章制度与政策对其的管制。并且有为数不少的城信社将税后利润的50%的公积金直接转为股金记入股东名下计息分红，避免了资本积累的外部性，确保了所有者的剩余索取权。因而与其他地区相比，较少存在产权模糊不清导致的所谓"公共积累"和"不可分割的集体资产"。可以发现，好多中小金融机构基本上是一种民营性质的金融企业。建立了有效的微观产权基础和治理结构的中小金融机构，内部具有良好的激励机制和约束机制，确保了经营机制的灵活性。这类金融组织因其与个体和私营中小企业都有以市场调节为导向的运作体制，从而就产生了一种制度上的天然亲和力，其高效、灵活的经营管理方式较好地适合了后者金融服务需求的特点，两者紧密结合，取得了极好的联动效应。

二、中小金融机构发展受制的成因

温州地方性中小金融机构市场份额的下降固然与此类机构自身所存在的一些竞争劣势，如电子化程度低、结算渠道不畅等有关，随着金融业竞争的强化，这些劣势的存在确实对其业务的发展形成一定的制约。但根本原因在于政府对其所实施的强制性压制措施。近几年来，政府对地方中小金融机构密集地进行强制性制度变迁，诸如对农村信用社全面推行合作制规范，以行政命令"运动式"地要求城信社硬性归并、纳入农信社体系管理，清理整顿农村合作基金会，对地方中小金融机构进行行政化重组、调整股权结构等。这些强制性的变迁，干扰了中小金融机构正常的经营方向，恶化了其经营环境，使其原来的先发性体制优势逐步丧失。①对农信社的合作制规范。由于温州地区的城乡一体化程度较高，"三农"概念很难清楚界定，大部分社员的资金需求不是来自农业，而是来自个体和私营工商业经营所需，"规范"后的合作原则定位对其业务经营造成了严峻的挑战。②政策的示范效应。

"整顿""规范"等政策信号，在信息不对称的情况下，在一定程度上误导了社会公众，使老百姓对中小金融机构的风险预期增强，产生了怀疑情绪，降低了中小金融机构的社会信任度，引发了存款从中小金融机构到事实上由国家信用作担保的国有银行的"大搬家"，在"羊群效应"的作用下中小金融机构的存款急剧下降。③行政性的强行重组、归并。机构之间的产权制度不一及经营绩效的差异，带来了严重的利益摩擦和冲突，增加了管理层的内耗，导致激励机制的弱化和经营积极性的挫伤，而人为的硬性的股权结构调整更使部分中小金融机构逐步演变为机制不活的官办金融企业，引致一些可贵的制度创新成果丧失。

三、可能的影响

在政府的严厉压制下，地方性中小金融机构的发展陷入困境，个体和私营中小企业的外源性融资的内部结构更进一步地向国有金融部门的贷款倾斜，从而强化其对国有银行的依赖。但这无论是对于中小企业自身的发展，还是对国有金融部门改革的深化都是极其不利的。

首先，就中小企业的发展来说，从有组织的国有金融部门获取资金与从民间借贷市场上融资这两者相比较，单就融资本身的效率而言，前者替代后者是一种效率的改进。这是由于商业化运作的民间借贷虽然在某些方面具有一定的独特优势，但就总体而言，这一信贷制度形式的运作成本是很高的，这突出地反映在其高利率上面，而通过有组织的金融中介获取资金在降低融资层面的交易成本上显然是十分有效的。但是国有金融部门贷款这种融资形式，从民营中小企业的角度来看，其制度建设效率却是不理想的。可以认为，正是由于国有金融部门融资在时间上的后发性及数量上的有限性，避免了温州民营中小企业同国有金融部门的过深牵扯，为中小企业构筑和维持目前明晰的产权奠定了基础。而随着民营中小企业与政府所控制的国有金融部门之间融资关系的密切和对后者依赖的强化，而且由于资金这种商品从表面上来看具有同质性，虽然短期内中小企业借助于国有金融部门也能实现自身增长，但从长期来看必然引致政府行为介入民营中小企业的经营，使其难以真正成为与经济市场化的进一步推进相适应的微观经济主体。事实上，近年来已有部分民营企业出现了非理性行为和模糊产权，特别是存在地方财政资金注入的一些明星企业。因此，可以预期，以国有金融部门贷款作为主要的外源融资方式将给中小企业的长远发展带来较严重的隐患，有可能使其锁定在低效率的运行轨道。

其次，就国有金融部门来看，政府严格管制中小金融机构的发展，并将自身所拥有的国有金融部门的服务范围延伸至民营中小企业部门，实际上是要在经济结构已经变化了的环境下，继续维持国有金融部门在金融业的垄断地位，缓解其在长期的低效经营中所积累的严重问题。民营企业无疑已经成为经济中的有效增长点和活力之源，政府所拥有的国有金融部门通过排他性地占有对这一部门提供融资服务的权力，就可以获取高效的中小企业部门对其丰厚的利益输送，改善金融部门的生存环境，淡化风险和矛盾的爆发。因此，国有金融部门实际上是通过服务对象的调整等外围的、局部的经营管理方面的变革，为其带来有利的生存条件，从而使其可以继续维持低效率的生存方式。从某种意义上来说，这是政府通过中小企业对国有金融部门的一种"补贴"来替代深层次的制度改革。国有金融部门改革的停滞和延后显然将会带来十分巨大的社会成本。

第五节　中小金融机构的内部分工

进一步分析可以发现，温州的金融部门事实上拥有一个三元的金融结构，并且这三元金融部门之间的市场都是分割的。正如麦金农所指出的，"发展中国家的经济结构一般是'割裂'的，即大量的经济单位（企业、住户、政府机构）互相隔绝，它们所面临的生产要素及产品的价格不同，所处的技术条件不一，所得的资产报酬率不等，没有一种市场机制来使之趋于一致。简言之是市场不完全"。具体到金融部门而言，不同的金融部门所面临的市场是分割的，每个金融部门所面临的信息成本、谈判交易费用都是不同的，因此其产品的价格（反映到利率上）也是不同的。温州金融部门的三元结构分别是以国有银行部门为代表的官方金融市场、受官方引导并为非国有部门服务的城市信用社和农村合作社（这是一个中间层结构）和自发形成参与非国有部门投资的民间金融部门。

非正规金融部门存在并且如此发达，必须用规模经济以及达到规模经济的原因来解释。而解释规模经济离不开资金的积累，从而追溯到利率这个因素。很明显，国有银行的金融规模凭借的是国家给其垄断的地位以及官方将金融设计为单一的融资体制、压制多样化资产的作用所形成的。国有银行的规模是外生的，并不是国有经济部门对其金融的支持以及国有经济部门自身孕育的，相反，外生的国有银行对国有经济部门进行"超经济"的支持。由于国有经济部门目前的状况只能承担低成本的融资，因此利率为垄断利率，这个垄断利率对于严格意义上讲不是独立的经济实体的国有银行也是外生的。受这个垄断利率的影响（基准利率），城市信用社和农村信用社的浮动利率只是半内生的，一方面它的服务对象——非国有经济部门对金融的要求是内生的，另一方面它要受国家引导，受外生因素的影响。但是非正规部门的民间金融则完全不同，其利率是在原有体制外内生的，是自发形成的。

如前所述，国家官方金融对民间金融进行管制的成本很高，因此市场自发形成的利率基本上没有外生因素的影响。构成民间金融部门的单个经济实体，如出借人、银背或中小企业、家庭工业户，自身的规模相当小，抗御风险的能力相对较低，因此要形成民间金融部门，才能达到相当的资金融通规模。要与规模庞大的国有银行以及较大的城市、农村信用社系统相抗衡，民间金融积累的速度必须超过前两者的积累速度，否则就不能形成强大的民间金融部门为体制外的非国有经济部门融资。"发展中国家的'市场不完全'的一个重要表现，是大量的小企业和住户被排斥在有组织的资金市场之外，它们如果要改革技术或提高实质资产的质量，只能靠自身的内部融资，而且，由于技术变革和投资不是可以细分的和渐进进行的，而是间断地以成批形式出现的，因此，业主们必须先有一个时期的内部积累，才能跳跃式地进行投资"。这种跳跃要求相当的资金融通规模，城市信用社和农村信用社的融资规模太小，只能小部分地满足这种规模。

再来看国有部门，假定国有银行没有政策歧视，有意愿对非国有经济进行融资，国有金融部门对非国有经济部门融资的交易费用也很高。非国有部门的投资个体是分散的，这时规范意义上的信息相当缺乏，对个体信息的收集在经济发展初期是相当有难度的；单个投资个体所需资金规模很小，对于国有部门来说，要获得一定的收益必须与众多的投资个体接触，而大规模的收集这种非规范意义上的信息成本过于高昂。因为对于单个非国有经济实体组合成的融资部门而言，要想做到边际成本与边际收益相等这一点，则一般需具有一定的地缘关系，地缘意味着一定的信息优势和一定的区域范围。信用社立足于当地，对单个的非国有经济投资个体的了解要比国有金融多得多；国有金融无法利用分散的信息优势，因为其决策的主动权不具有地缘关系。

至于民间的非正规金融部门，其在信息成本上具有明显的优势，尽管对于借款人从事项目的风险认识不清，但至少对于借款人有一定的地缘、人缘或血缘关系，对其人品等有一定的认识。违约的可能性、道德风险在一个较大的程度上可以避免，并且由于地缘、人缘的关系，借款人一旦不履行契约，其机会主义行为的成本相当高昂，因此万不得已借款人一般不会违约。从这个意义上讲，在非国有经济部门信息具有隐蔽性的情况下，民间的这种人缘或血缘、地缘的关系在很大程度上是对民间金融法律的替代。因此在不改善金融法律法规尤其是民间金融法律法规的情况下，国有金融部门是无法取代民间非正规金融部门的，因为前者没有一种有效的制度规则使得非国有经济部门违约的成本高到契约得以履行。从这个程度上讲，民间非正规金融部门是降低融资交易成本的一种组织创新。

然而，正因为民间金融依靠的是地缘、人缘的关系，借贷者之间的信息极不对称，所以当借款者的收益高到断裂人缘、地缘关系所需要付出的成本时，违约就会发生。由于缺少法律的制约和信息的规范化、透明化，凭借高额利率对出借人的诱惑，必要时断裂地缘、人缘关系，资金不经过生产流通渠道，最终无法偿还，借款人携巨额现金私自脱逃，这种民间金融风暴时有发生。这也是民间金融的致命弱点。

第六节　中小企业融资难的新特点

总体来说，温州金融部门上述的内部分工在现有的扭曲性制度安排下有其雄厚的生存基础，有力地支撑了温州区域经济在 20 世纪乃至当前长期、持续的繁荣，从而保证了温州的经济"第一次体制转变"的基本完成。然而 21 世纪初，温州的经济正处于从初级市场经济向现代市场经济转型期间，也即从产权制度变革到以管理革命为主要内容的"第二次体制转变"。其中重点是实现古典企业向现代企业制度的转变。也就是如何从工业化中期走向工业化后期乃至基本实现区域经济社会发展的现代化。现在的温州模式已不再是 20 世纪八九十年代意义上的温州模式，而是基于上述改革和发展的阶段转换任务完成后的"新温州模式"。具体而言，"新温州模式"将要求温州市在当前乃至今后一段时期内完成以下几方面工作：突破传统温州模式那种家庭联户经营的限制，发展到现代公司制的企业、企业集团；改变劳动密集型及低加工度、低附加值为主的产品和产业结构，逐步升级为资本和技术密集型的、高加工度和高附加值的产品和产业结构；调整单纯以市场为导向的经营方式，走上资产经营、资本经营综合发展的道路；改变传统的落后的市场组织形式和市场交易方式，转变为现代的市场组织形式和市场交易方式。理论上讲，经济结构的变化必然要求金融格局发生相应的变化。通过上文的分析我们可以发现，目前温州市的金融形势在现有的制度安排下虽处于历史上较好的年份，但是由于垄断国家金融资源的国有商业银行及相应的金融体制并未发生实质性变化，当前温州市的金融格局是否能适应"温州模式"的后续发展要求着实令人担忧。因为直到目前，广大民营中小企业的融资需求尚未能得到有效满足，外部融资制约仍未解除，信贷结构与需求的不对称性、金融组织体系结构与经济结构的不匹配、金融资源配置结构与产出结构严重不对称，是现实经济金融运行中不争的事实。这种状况若不加以改变，随着温州经济"第二次体制转变"进程的不断深入，经济、金融运行的结构性矛盾将不断显现。

首先，从信贷资金供给的期限结构看，存在短期或超短期资金供给相对充裕与中长期投资资金供给严重短缺的矛盾。近几年，随着温州市民营经济的飞速发展，民营企业需要转变经济增长方式，实现可持续发展，需要采用新工艺、新技术和新设备，民营企业的信贷需求与过去相比有了很大的变化，除了一部分短期贷款以外，众多中小民营企业对中长期贷款特别是技改贷款的需求趋于上升。而国有商业银行在面对民营中小企业这类贷款申请时，发现其没有足够的信贷记录，并且为民营中小企业提供信用担保的机构较少，担保基金的种类和数量都远不能满足需要，它们的要求往往成为泡影。即使有个别资质较好的企业有幸可望获得成功，也因技改贷款利率高（平均上浮30%～50%）、管制严且审批手续繁琐（国有独资商业银行的县级支行无技改贷款的审批权）、时间长而常常望而却步。

其次，从内、外源融资结构关系看，存在着内源融资的过度依赖和外源融资相对不足的矛盾。在企业成长的不同阶段，内、外源融资的策略是有所不同的。一般来说，初创时期，企业规模小，经营不稳，其本身往往存在着资信等级低、抵押担保能力差、金融机构对其融资成本高等先天弱势，从而在现实中表现为从金融机构等渠道取得外部融资较困难，这种状况下企业经营主要依赖内源融资倒也是情理之中的事。但随着企业规模、实力的扩大和资金需求量的增大，外源债务性融资应逐渐成为主导的融资形式。然而多年来，温州民营企业特别是其中的中小企业的融资情况较为特殊，无论是创业初期还是成长期，企业均高度依赖自有资金。从资金结构看，不仅是原始资本金，而且日常经营性资本金绝大多数也来源于内部集资。造成这种状况的原因是多方面的，既有民营企业长期受到金融机构的歧视而导致民营企业家养成了不靠银行发展的习惯并形成某种惯性的因素，更有缺乏与民营企业具有天然亲和力的融资场所之因素。如债券市场，尽管我国民间投资的潜力巨大，但社会投资需求与民间投资供给的长期错位造成了民间投资领域极度狭窄，目前发行的重点建设债券、中央企业债券和地方企业债券，利率固定且期限较长，主要用于大规模进行的工业技改、城市化进程及基础设施等资本密集型项目的投资，带有政府主导垄断的推动型色彩，对中小企业特别是民营中小企业来说，这些投资的项目根本就不是其强项，况且它们也很难进入这一投资领域，而债券本身所具有的利率、期限特征和所有制特征也很难适应它们的需求。

再次，从内源融资的渠道来看，也存在着很不正常的情况。温州市中小企业内源融资渠道基本上靠自筹和"内部集资"，其中"内部集资"占企业全部资金来源的比重约为85%。这种状况产生的主要原因是，服务于中小企业的直接融资渠道尚未建立，中小企业在资本市场上处于缺位状态。我国的资本市场从其诞生的那天起，就存在着所有制歧视（尽管政府和央行对民营企业的股票发行和上市没有明文限制），再加上股票发行额度和上市公司规模方面的限制，中小企业特别是民营中小企业要从相当紧张的发行额度中分得一杯羹，实在难于上青天。资本市场发展滞后于经济的另一个表现是，国家没有根据我国大多数企业是中小企业（温州则是民营中小企业）这一实际，开辟适合中小企业融资多层次、不同风险度的股票交易市场。

最后，从金融支持的组织结构看，存在着作为金融资源最大拥有者的国有商业银行的"退出"压力与真正适应于民营企业发展要求的中小金融机构的缺位矛盾。众所周知，国有商业银行作为我国银行业的主体，长期以来一直以服务国有大企业、追求规模经济效益为经营宗旨，双方形成了兴衰与共的牢固关系。温州地区独特的经济结构情况虽不尽相同，但国有银行和民营经济之间事实上长期存在的体制隔阂致使它们之间很难形成长期的相互依存、共同发展的"双赢"格局，尽管当前温州地区正规金融部门对民营经济的贷款基本上不存在歧视。况且随着国有银行纷纷推行大城市发展战略，相继从县域、县域以下地区信贷市场退出，表现为信贷管理权集中于总、分行，县支行的贷款审批权基本被取消了，其信贷增量受到严格控制，客观上致使基层信贷机制萎缩，沦为"吸存机器"。这是国有大银行基于提高集约经营水平、优化资产结构、发挥自身比较优势而采取的一种理性行为，但它引起县域金融资源的漏出，首当其冲受到影响的当然是遍布城乡的民营中小企业。如温州市 2001 年上半年新增贷款 70.73 亿元，但对私营业和个体工商户贷款反而下降了 0.86 亿元，同期全部新增贷款中，全市 6 个县仅占了 21.04%。

另外，就股份制商业银行、城市商业银行等中小金融机构而言，由于它们没有得到政策性融资权，自身发展问题没有解决，再加上整体实力、知名度、业务范围、规模等方面的约束，中小金融机构在市场上的竞争仍处于较弱的位置，相当部分的机构面临亏损和支付风险的压力，迫使它们难以履行对民营中小企业的融资职责；同时从其组织结构来看，其主要股东要么是当地政府，要么是具有一定垄断性的国有企业，或者兼而有之，它们与政府均有着紧密的联系，因而其机体里天然地含有国有银行的基因，其运作模式和经营方式当然与国有银行相差无几。还有遍及城乡的农村信用社更是先天发育不良。当初农村信用社与农行脱钩时，其不良资产比例和资产充足率就分别高于和低于全国水平，多数机构存在经营状况不佳、市场竞争不足、资不抵债、贷款质量差等严重问题，农信社不仅缺乏良好资金循环的融资条件，而且也无力解决农村中小企业融资问题。从温州地区的农村信用社来看，近几年来，其市场份额逐步下降。温州农村信用社的存款市场份额从 1995 年的14.8%下降到 2001 年 6 月的 12.9%，同期贷款市场份额则从 18.5%下降至16.1%。另外，温州市的农信社虽得益于地方经济环境较理想而从横向比较来看其资产质量相对较好，全市有高风险农村信用社 15 家，占农信社机构总数的 10.34%，资不抵债社 13 家；84 个社亏损，占比为 57.9%，资产利润率也仅为 0.03%。这样的状况自然无法满足中小民营企业的资金需求。

剩下的就是非正规金融组织（民间金融组织）了，非正规金融组织生命力旺盛，屡打不衰，从某种意上来说天然地具有适应中小民营企业的融资需求的某些品质，然而可惜的是由于缺乏统一的组织、权威的机构、规范的约束，其资金规模满足不了中小企业规模扩张的需求外，还因"非法"而经常受到打压，对中小企业融资起不到根本性的作用。

上述的制度安排引起的融资结构、融资渠道的失衡导致的一个结果是温州非国有企业（主要是民营企业）"长不大"。按照有关资料分析：从横向来看，民营经济中，发展最好的和最有特点的是私营企业和股份制企业，但就其平均工业产值而言，温州仅达浙江省平均水平的 1/2 左右；从纵向来看，以 1978～1998 年为例，温州工业产值增加了 123.7 倍，企业数量增加 30.3 倍，同期按照单个企业平均产值计算的平均规模，只增加了 2 倍。由此产生的一个直接后果是企业规模偏小无法形成规模经济，同时，企业的经营效益也会受到严重影响。

第七节　依靠政府监管解决中小企业融资难问题

过去 40 年中，在很多国家和农村地区，政府通过引进正规金融制度向民间提供廉价信贷的努力似乎并未产生预期效果。国内金融专家的研究也表明：国有银行及由政府出面发展外生性的中小金融机构对于真正解除民营经济的金融困境无补。因此，近几年来我国各级地方政府在上级部门的统一部署、统一要求下，纷纷成立各类名目的中小企业融资担保、服务等机构来劝说、诱导正规的中小金融机构给广大中小企业融资恐怕也难以奏效。事实上，较为切实可行的策略是，国家应放松对金融机构的市场准入限制，激励内生于民营经济的金融机构的产生，并给予政策上的扶持与引导。特别是在温州地区，对历经坎坷、饱经磨难、屡打不衰的民间金融组织加以适当的规范与疏导以及改组发展现有的中小金融机构使其成为民营中小金融机构或许是一条长期解决民营企业融资困境的捷径。

温州民间金融兴衰变迁的原因虽离不开市场对民间金融的需求，但同样不可忽视的是民间金融所面临的制度环境。民间金融作为与官方金融制度相抗衡的一种金融形式，政府对它的定位一直是灰色的，没有明确的法律法规支持它的发展。民间金融之所以能在 1978 年以来得到发展，原因有以下几个方面：首先，它符合非国有经济部门的利益，而非国有经济部门的发展则符合地方政府的利益，因此它能够得到地方政府的默认；其次，1978 年以来的货币现金投放可以给官方金融带来货币化收益，因为对于成长的官方金融部门而言，现金是一种最合理的负债方式；最后，由于借贷市场处于分割状态，起初成长起来的非正规金融部门对官方金融还没有构成威胁，至少没有力量与其相抗衡（尤其在达到 1986 年的高潮前还没有城市信用社等创新组织大规模的出现），因而政府对民间金融也采取默认的态度。

但事实上，"在中国的二重结构中，上层结构总是处于控制地位，因此，民间金融业无论怎样活跃，都需要与具有暴力潜能的上层结构达成妥协才能最终获利。因此，滋生于民间的金融组织（如典当、农村合作基金会等）总是要与上层结构达成合谋来共获收益便成为一种制度演进常态，比如山西票号。这也是在中国历史上产生的许多金融形式最终都未能演化为现代金融制度安排的深层次原因"。但在温州，出现了一个特殊的中间层结构，即地方政府。上层结构的利益集中体现在温州市的官方金融机构，尤其是处于领导地位的中国人民银行温州市支行，而下层结构当然是民间的非正规金融部门。

饶有趣味的是，由于直接处于谈判地位的是人民银行的地方分（支）行，其本身与地方政府的利益关系十分密切，其代表上层结构的利益以及作为地方性机构的利益有时会出现冲突，因而它在做出选择时会出现两难，具体的表现是，地方政府在未经官方金融的许可下明确支持部分民间金融的发展时，例如，农村合作基金会在 20 世纪 90 年代刚成立时，温州市体改委批准11家，农委批准2家，其他机构批准2家，人民银行地方分（支）行也只有默许。而当农村合作基金会出现问题时，金融部门也是先得到地方政府的支持才进行清理整顿的，此时做出让步的是地方政府。

一方面，地方政府具有一定的与上层结构谈判的能力；另一方面，它也具有保护地方利益的动机。当非正规金融部门的存在和发展在意识形态上可能与上层结构存在冲突时，地方政府的最佳选择是默认，默认的成本最低，非国有经济部门因此获得体制外的增长。尽管默认对于地方政府而言是最佳的选择，但对于民间金融部门却不是最好的支持。由于得不到金融法规的支持，民间非正规金融部门自身的发展得不到规范，市场的盲目性和风险性在其发展到一定阶段便会显现出来，温州市曾经发生的三次民间金融大风潮，便是很好的证明。然而上层结构总是处于控制地位，当民间的非正规金融部门需要得到金融法规的支持时，地方政府的选择是两难的。一方面，亟需规范民间金融部门发展，否则一旦出现民间金融风潮，其对非国有经济部门的支持会减弱；另一方面，上升到制定金融法规的层面意味着地方政府有明确的态度与上层结构的利益选择相冲突，付出的代价相当高昂。

民间金融的最大特点就是货币（现金）在体制外循环，现金的增加与国家控制金融成本的上升是成正比的，再加上没有法律法规的规范，民间金融本身的问题就会凸显出来。例如，当全国的宏观形势趋于控制通货膨胀、稳定经济增长，以及中央政府对货币流通量的控制加强的时候，地方政府便做出让步，民间非正规金融至此成为首要清理整顿的部门。在这种制度背景下，民间非正规金融部门便开始出现衰退迹象。而当全国的宏观经济形势趋于解决通货紧缩、拉动经济增长，国有银行逐步从欠发达地区退出及信贷权普遍上收，信用社也大幅度调整机构分布，使一些农村地区完全没有金融机构，再加上民间信用主体经历数次金融风暴的"洗礼"与主管部门的多次"教育"而变得理性、守规多了，这时主管部门、地方政府便又会对民间非正规金融活动采取默认甚至暗中支持的态度，于是民间非正规金融部门便又趋于活跃，且行为较以前更合乎理性。

自改革开放以来，在温州经济发展过程中，不论正规金融对中小企业支持的力度如何，也不管主管部门对其态度如何，民间金融虽历经多次兴衰，但始终存在。除了 1980 年等少数年份民间借贷利率特别高以外，其他年份大多一直维持在月息 3 分左右，发挥了民间利率的过滤风险职能。民间金融在 1986 年曾出现高潮，大约在 1993 年、1994 年发展达到顶峰，此后民间金融便走向衰退。从目前来看，即使是"在温州市金融系统的信贷方针已经根本不存在对企业所有制的歧视问题，温州市民营企业资金供给宽松情况处于 20 多年来最佳的历史阶段"，温州市的民间金融仍表现出相当活跃的特点。与 20 世纪 80 年代末相比，企业资金来源中，民间借款的占比由 30% 下降到目前的 15% 左右，但总规模增加了 2 倍多。月息一般为 6‰~12‰。目前温州民间信用出现了一些新的发展趋势：一是活跃程度有所减弱，利率水平明显下降，出现了资金买方市场；二是各种形式的直接融资占据主导地位，基于基金组织、银背等形式的间接融资逐步减少；三是以生产经营性融资为主，消费性融资减少；四是非法的"抬会"现象几乎消失，但互助性质的"呈会"较为普遍；五是民间金融部门的资金大量沉淀或是在房地产、市场摊位以及股市、汇市等寻租性很强的项目上进行个人投资。由此可以看出：温州市的民间金融不仅仍然相当活跃，更重要的是与早期相比其主体呈现出一定的"守规性"与理性等优良品质，其作用和地位绝不可小觑，相对而言原来意义上的民间金融在一定程度上开始走向衰弱。

关于民间非正规金融兴衰变迁的分析表明，"衰"在大多数情况下属外生性的，"兴"则是内生性的。屡打不衰，内在的品质却反而渐趋优良，这足以说明民间非正规金融有其广泛的生存基础，那就是遍布温州城乡的民营企业特别是民营中小企业，它们以机构数量多、分布面广为特征，而其融资又以数额小、次数频繁、要得急为特征。正是这些为数众多的民营中小企业造就了温州民间金融的"兴"。另外，区域经济发展中存在的制度扭曲及其自身的某些缺陷又导致了温州民间金融的"衰"。因此政府的正确策略不应是选择沉默，而是放松对民营经济内生性金融制度创新行为的限制，为其提供或创造合适的平台及制度，如民生银行的个人委托贷款也不应为正规的中小金融机构甚至国有银行所效仿。当然，规范、引导其行为也是必要的，通过规范、引导使其成为民营中小企业特别是民营小企业的一个正常的融通资金渠道。

可以认为，目前在温州组建民营化的中小金融机构的条件已基本具备。农村信用社和城市信用社在很大程度上已经具备了民营化的中小金融机构的条件，尤其已有适当规模和一定的地缘、人缘关系。温州模式20多年的发展造就了一大批优秀的民营企业及民营企业家，其中一部分民营企业与个人持有大量的富余资金。有关资料显示，目前温州民间可利用的资金达1600亿元；一大批民营企业需要资金的支持，其产品革新、技术创新、市场开拓等无一不需要资金，资金供需缺口非常大；在非正规金融部门支持下成长起来的部分非国有经济部门如今已初具规模，也因此有了进军中小金融机构贷款的资格，在很大程度上可以不再依靠民间的地缘、人缘关系。组建的模式是由民营银行资本改造而成，主要是改造商业化倾向比较明显、经济基础较好的民间金融机构。

组建的原则是严格按市场的规律规范运作，杜绝任何形式的行政干预，确保特定的产权结构，即它应完全区别于国有化金融制度，以真正的股份制形式出现，从而使新建立的中小金融机构成为新兴市场自由化的部门，尤其是进入壁垒相对要低，使具备资格的法人都能进入，中小金融机构之间要有足够的激励和竞争。要造就出真正内生于民营经济的中小金融机构，使其成为民营中小企业（主要是民营中型企业）融资的一支中坚力量。

另外，随着温州"第二次体制转变"的不断推进，拓展直接融资渠道，建立适合民营中小企业融资的资本市场体系也显得越来越必要。企业发展规律表明，企业发展到一定规模程度时就要进入资本经营阶段，企业必须借助直接融资渠道才能发展壮大。从温州目前的实际情况看，启动和发展债券市场，增加资本的有效供给是更为现实的选择。例如，改革现有的企业债券监管模式，推行中小企业债券发行核准制，放宽中小企业债券募集资金的使用限制和上市交易限制，开设地区性柜台债券交易市场；推动企业债券利率市场化改革，把蕴藏在民间的资本和投资积极性调动起来，让投资者在承担风险的同时有满意的回报，也让筹资者能用自己可以承受的利率获得发展所需资金。这样民营中小企业中部分质地优良的民营中型企业就有了进一步提升其档次的金融基础。

当然，新的金融格局的建立，还要求进一步加快国有银行的现代化企业改革步伐，使其规模优势能充分发挥，为大中型企业进行融资，并逐步退出政策性的国有企业市场，真正实行企业化经营，逐步放开利率，从而形成一个融资体制与经济体制相适应的金融体系。

第七章　温州农村合作金融机构信贷风险的控制及监管对策

农村合作金融机构是我国金融体系的重要组成部分，在支持农业、农民和农村经济发展中发挥着举足轻重的作用。农村合作金融机构改革是否能有效地实现完善法人治理结构和切实转换经营机制，真正成为自主经营、自我约束、自我发展、自担风险的市场主体，已成为各界关注的焦点。本书通过对温州市农村合作金融机构的改革进程进行跟踪调查，并就改革中存在的问题作一些探讨。

第一节　温州农村合作金融机构的发展历程与现状

一、农村合作金融机构发展历程

温州市农村合作金融机构的发展大体经历了四个阶段：一是组建阶段（1953~1958年）。1953年，温州市永嘉县新桥乡建立信用互助小组，形成了农村信用社的雏形。1954年初，温州地区第一家农村信用社——瑞安县阁巷乡农村信用社正式成立。截至1954年末，全市共建立农村信用社548家，达到"一乡一社"，全市基本实现信用合作化，对当时国民经济恢复发挥了重要作用。二是社队阶段（1959~1979年）。这一阶段农村信用社下放给社队，成为计划经济体制下农村筹资与分配的重要渠道。打上了"官办"烙印，合作制被淡化。三是发展阶段（1980~2001年）。这一时期，中国农业银行重建，农村信用社被划归农行管理，同时，温州市农村信用社在全国率先进行了改革试点。1980年，苍南县金乡农村信用社在全国率先实行浮动利率改革；1983年，全市农村信用社进行了增资扩股、管理体制改革与实行经营责任制的尝试；1987年，各县（市、区）联社成立，对辖区农村信用社实行统一管理，联社与农村信用社为两级法人；1996年，信用社与农行脱离隶属关系，开始独立运营。四是深化改革试点阶段（2002年至今）。

二、改革试点进程与金融机构业务经营概况

（一）改革试点进程

2003年，国务院下发了《深化农村信用社改革试点方案》，标志着农村合作金融机构的全方位改革正向纵深发展，温州市农村合作金融机构试点工作随之全面启动。此次改革的主要特征包括以下几个方面：一是实行"零资产"启动。即农村信用社在清产核资中，实际资不抵债的，可通过政府扶持和资产适度增值的方法，使资等于债；实际资大于债的，则通过提高计提风险准备金额度的形式，实现资等于债。二是在管理体制上实行"5—5—1"形式。即原全市11家农村信用联社中，根据各联社的实际情况，分别采取不同的管理模式。市郊、龙湾、瓯海、乐清和瑞安5家联社组建农村合作银行，苍南、平阳、永嘉、文成、泰顺联社实行一级法人，洞头联社实行两级法人。三是分步骤平稳推进。即通过清产核资摸清"家底"；政府出台扶持政策，帮助解决历史遗留问题；分阶段增资扩股达到标准；组建新的管理体制，逐步完善法人治理结构，实现良性的经营机制。四是央行通过发行专项票据，帮助农村信用社消化历史包袱。央行资金支持政策的核心是"花钱买机制"，即通过取得专项中央银行票据，既要消化历史包袱，更重要的是要促使实现经营机制的转换，这也是本书所要研究的重点所在。

（二）农村合作金融机构业务经营概况

温州市农村合作金融机构已成为温州农村金融的主力军和金融体系的重要组成部分，基本上满足了农业和农村经济发展的需要，促进了温州独具特色的民营经济的繁荣，大大推进了温州农村工业化和城镇化进程。

三、对改革效果的出版评价

就全市农村合作金融机构的改革进程来看，已经初步实现了"花钱买机制"的目标，取得了阶段性成效。

（一）资本充足率得到提高，股本构成发生了质的变化

调查发现，募集股本金中吸收了温州地区大量的民营企业资金，企业法人股成为温州民企竞相争夺的对象。据统计，入股的民企达数千家之多。如瑞安农村合作银行的 200 名企业法人股东绝大部分是民营企业，其他四家农村合作银行的入股企业数量也分别在 50~200 家。此外，非职工自然人股东中也有不少是中小企业老板。如鹿城农村合作银行的 34 名非职工自然人股东代表中，有 17 位是温州民企的董事长或总经理。全市农村合作金融机构通过增资扩股，进一步提升了自身的经营实力。

（二）新的管理体制建立，法人治理结构初步形成

一是设立了新的行业管理部门。省联社温州办事处承担起对全市农村合作金融机构管理、指导、协调和服务的职能。二是通过产权制度改革，构建了市场主体地位的机构框架。三是新的法人治理结构初步形成。在建立股东（社员）代表大会、董（理）事会、监事会运作架构的基础上，制定了"三会"议事规则和决策程序；为了顺利地向新管理模式过渡，明确了董（理）事长、监事长和高管人员的职责权限，并调整了领导班子分工，由监事长分管审计工作；董（理）事会下设风险管理、审计、关联交易、薪酬、提名等委员会，并明确其职责；制定了信贷、财务、审计、安保、人事等方面的管理制度，并制定相应的内控制度和操作办法，逐步增强了农村合作金融机构

自我约束、自担风险的意识，为提高经营管理水平打下良好的基础。

（三）政府积极落实各项扶持政策，农村金融生态环境得到改善

地方政府为农村合作金融机构改革采取了多种扶持措施：①承诺注入资金；②不动产资助，包括划拨土地或低价出让土地、改变农村合作金融机构已使用或抵押受让土地的性质、返还已缴土地出让金、划拨房产等形式；③对农村合作金融机构补办房地产"两证"、处置抵贷资产实行税费优惠；④县（市、区）政府普遍承诺将政府财政性存款资金及各类基金存入农村合作金融机构，并根据当地实际情况，帮助其开拓业务；⑤退税扶持。

（四）支持"三农"工作得到进一步加强

一是支持区域农业、特色农业、效益农业发展的成效显著。二是服务方式得到改进，开辟"绿色资金通道"。在评定信用农户的基础上，采取"一次核定、随用随贷、余额控制、周转使用"的办法，全面推广农户小额信用贷款。各机构在做好支持传统农业的同时，把农业企业、农民个体户作为信贷支农的重点，信贷资金向农业产业化经营、规模农业等方向倾斜，提高农业产业化、规模化程度，为农业产业化经营发展开设"绿色通道"。三是支农贷款方式进一步创新。邻近市区的几家农村合作金融机构推出担保基金贷款、山区"移民户贷款"和"外来务农人员贷款"。四是与旅游景点邻近的机构推出"农民旅游创业贷款"，积极支持以旅游业为主的支农亮点。五是帮助山区农民发展旅游业，脱贫致富。

（五）经营管理状况得到了改善

一是调整了内设职能部门，重新界定了部门职责。大部分联社专门设立市场部，加强对市场营销的策划、管理和指导，并将审计工作独立出来，加强审计的力度，强化内部控制和风险管理。二是以岗位竞聘作为优化人力资源配置的重要手段。部分机构对分社主任、市场业务岗位实施了竞聘上岗，推动人事制度改革。三是经营效益显著提高。各机构结合清产核资工作，对固定资产和低值易耗品进行清理，对费用账务进行规范，进一步优化了财务

资源配置，提高预算管理水平，努力实现增收节支。

（六）信贷资产质量进一步提高

一是改进信贷管理，加强风险防范，加大清收力度，努力控制新增不良贷款。部分机构对不良贷款实行集中管理，加大对不良贷款的管理与清收。各机构制订了降低不良贷款计划，建立了不良贷款听证会制度。对经营者和贷款责任人下达清收任务，并将清收任务与个人奖金挂钩。采取诉讼清收、以资抵贷等多种有效手段清收不良贷款。通过以上措施，全市农村合作金融机构不良贷款占比呈逐年下降趋势。二是加强已置换不良贷款的管理与债权保全运作。对置换的不良贷款另立账册，按户建档，落实专人管理；逐笔健全债权保全的法律手续，确保债务人原始资料完整及诉讼时效的有效性。

第二节　温州农村合作金融改革中存在的问题

由于农村合作金融改革所具有的特殊性、复杂性和艰巨性，温州市农村合作金融机构在推进改革进程中，仍存在一些亟待解决的问题。

一、对改革的重要意义认识不足

一是农村合作金融机构在改革中对外宣传不够深入，广大社员存在"四怕"思想，即一怕政策变，二怕人员换，三怕走城市信用社老路，四怕承担风险。许多农村合作金融机构的员工认为，金融改革是国家的事情，与自己关系不大。这些片面的认识，对农村合作金融机构进一步明晰产权、完善内部管理体制都造成了一定的影响。二是农村合作金融机构对专项央行票据认识模糊。专项票据置换是一项新业务，一些机构在理解和执行中存在偏差，为了在短期内达到兑付要求，片面追求贷款不良率和资本充足率的达标，而忽视了内部经营机制的转换，在迎合票据兑付条件方面做得较多，而在转换经营机制方面的实质性工作做得较少。三是由于这项工作政策性强、涉及范围广，对专项票据的发行与兑付工作，基层央行和同级银监部门在审查过程中有相互依赖和管理不到位现象。四是社员对他们出资组建的农村合作金融机构的产权关系认识模糊，认为今后的农村合作金融机构事实上仍由国家控制，容易进入"政府会对一切经营风险负最终责任"的认识误区。

二、法人治理结构亟待完善

一是法人治理结构表面化和形式化。目前法人治理结构和组织，虽然在制度上进行了修订与完善，但在真正落实上还有很大距离。虽然有了董（理）事会、监事会和股东（社员）代表大会的形式，但如何切实履行好各自职责，形成有效的制约机制，仍是一个亟待解决的问题。目前各机构在决策权、经营权上仍高度集中，客观上仍存在由少数人控制的现象。二是股东（社员）大会有可能虚设。在"一人一票"制上，一方面，法人股东因大股小权、股份持有与权利不对等以及个人股东因股金有限而对监督不关心；另一方面，由于股东（社员）众多，存在"召集开会难，意见统一难"的局面，导致决策成本相当高。为了降低决策成本，实际上的运作就容易出现偏差，加上经理层对经营拥有相当大的控制权，容易出现"内部人控制"的局面。三是缺乏有效的监督约束机制，主要是监事会监督效果不佳。目前监事会没有下设办事机构，只有一个监事长，事实上是"孤家寡人"，难以开展工作，无法起到有效的监督作用。

三、人员素质和管理水平有待提高

农村合作金融机构长期以来忽视对高素质人才的引进和对在职人员的培训，致使人员素质偏低，对新业务、新知识的接受能力下降，难以适应经营机制转换的要求。一是人员整体素质偏低。二是高管人员素质有待进一步提升。在农村合作金融机构深化改革试点中，法人治理结构能否得到改善，很大程度上取决于高管人员的素质。同时，市场竞争的新要求，也对高管人员素质提出了严峻的挑战。农村合作金融机构由于历史及体制因素，难以吸收、留住高素质的金融研发和管理人才，这也给管理上带来诸多负面影响。

四、追求市场化经营效益与支农的矛盾难以协调

农村合作金融改革的宗旨是更好地为支持"三农"服务，但由于农户贷款额小面广，工作量大，农业信贷投入面临着较大的产业风险。特别是当前农业保险制度尚不健全，政府缺乏与支农配套的倾斜政策，农村合作金融机构经营农贷所带来的风险只能自我承担和消化。同时，农村合作金融机构改制后，在新股东构成中，农户入股资金仅占少数，股份占绝对优势的农村合作金融机构和行政事业单位以及企业法人，必然要求农村合作金融机构将资金投向安全性更高、效益更好的产业，以实现更高的回报率，而风险相对更高、效益较低的农业信贷投入可能出现逐步减少的趋势，这样，支农与追求效益必然成为矛盾的双方。目前农村合作金融机构经营中这种缺乏全盘考虑的单一经营目标，很容易造成经营思维混乱。因此，如何在服务于农中找到与效益最大化的最佳结合点，是改革中存在的一大难题。

五、内部制度不规范，管理措施难到位

一是内控制度需要进一步完善。目前部分农村合作金融机构未能将内控机制与管理发展和经济效益结合起来，重业务发展，忽视了内控制度的重要作用，存在着内控制度制衡乏力，部门与部门之间、岗位与岗位之间难以有机结合的现象。同时，内审部门的监督职能未充分发挥作用，对审查出的问题，不能独立地做出处理决定，淡化了内审监督的权威性。二是信贷管理不规范。目前，"风险管理委员会"虽已成立，但未制定相关的职责和议事规则；对企业授信业务和关联企业贷款未制定具体的管理办法、操作规程和风险控制办法；货款发放中对贷款程序和质量缺乏相应的监督机制；在贷款审批过程中，只注重是否有抵押物，忽视对贷款风险情况的调查。三是股金分红不规范。如二级法人农村信用社当年虽有盈利，但尚未全部弥补历年亏损

挂账便按高利分红，违反了有关规定。四是信息披露不规范。由于怕风险提示太清楚容易暴露盈利能力的不足和抗风险能力的局限，影响吸收存款，因而有意夸大分红保证，隐去风险提示，误导民众。五是对置换的不良贷款管理措施不到位。部分农村合作金融机构偏重于新增贷款的管理，对置换的不良贷款却疏于管理，债权保全法律手续不够齐全。

六、历史遗留问题影响了改革进程

"两社一会"（城市信用社、金融服务社、农村基金会）并入农村合作金融机构后，给改革工作造成了一定的负面影响，对欠发达地区和基础较差的农村信用社影响尤其明显。截至 2005 年末，全市农村信用社中由于"两社一会"并入的不良贷款余额 7846 万元，占不良贷款总额的 20.56%，其中平阳、洞头、苍南和永嘉四家联社占比分别为 55.28%、53.38%、34.16% 和 22.93%。这些贷款清收难度非常大，基本上变成了呆账贷款，从而成为这些联社沉重的包袱。如平阳联社受"两社一会"归并的大量不良资产影响，清产核资后资不抵债额达 5013 万元，加大了该联社实施零资产启动的难度，直接影响了改革进程，目前虽然完成了各项改革工作，但化解历史包袱的道路十分艰难。以洞头联社为例，虽然其本身经营情况良好，但原兴海城市信用社大量不良贷款的归并，致使其一度无法成为一级法人。加上地处海岛，机构资产规模较小，信贷质量较差，几年内扭亏增盈的可能性很小，而国家采取的一系列扶持政策又收效甚微，给该联社经营的改善带来很大困难。

七、经营环境存在诸多制约因素

一是法律制约。目前，由于《信用合作法》仍未出台，农村信用社的市场定位、产权形式、经营管理等缺乏法律支撑。二是政策制约。目前，农村合作金融机构改革的政策环境仍然存在诸多限制和障碍，社会信用缺失状况短期内也难有大的改变，农村担保和保险制度尚未建立。同时，地方政府在农村合作金融机构的改革中仍存在政策扶持机制上的制约，主要体现在对经济欠发达地区和两级法人社上。当地政府由于指导思想的认识偏差和自身财力有限，影响其扶持措施的落实。

第三节　温州农信社金融业务改革实践

根据中国人民银行的规定，温州市作为农村利率浮动试点地区，试点农信社的存款利率浮动幅度为 1：1.3，即最高上浮不超过国家法定利率的 30%，在此范围内，可自主实行不同金额、不同档次的浮动存款利率政策。

该政策在温州并未一步到位。温州农信社存款利率浮动试点分几步实施，总体趋势是试点范围扩大、浮动幅度提高、效果渐趋明显。

目前，温州全市共有 106 家法人农信社的 353 家网点实行存款浮动利率政策，占全辖网点数（486 家）的 73%。另外 133 家末试点的农信社中，有 115 家网点地处县（市）城关等，不在利率改革范围之内；18 家为"有政策而未实行"的情况，均属山区文成县。

农信社执行存款利率浮动政策，反映了一定程度的灵活性和因地制宜的特点，并不是一浮到顶：第一，活期存款虽然有利率上浮的政策，但由于活期客户主要关注的是结算服务，农信社断定活期存款利率上浮意义不大，甚至可能得不偿失，因此 86.4% 的农信社（305 家）没有实行活期存款利率上浮。实行活期存款利率上浮的少数农信社主要集中在市郊，原因是当地存款市场竞争激烈。第二，定期存款普遍实行了利率上浮政策，80.5% 的网点（284 家）上浮到顶，另外 69 家没有用足上浮幅度。第三，各农信社在上浮利率存款的起存金额上执行了不同的规定，62.3 % 的网点（220 家）将浮动利率定期储蓄的起存金额定在 1 万元或 1 万元以上；其中，占总数 39.5% 的网点（140 家）将浮动利率单位定期存款的起存金额定在 10 万元或 10 万元以上，由此缩小了上浮范围。

在当前我国管制利率的制度下，存款市场的利率价格是给定的，客户一般只能被动接受。存款利率浮动作为一种新的定价机制，经过试点社的具体实施，得到了客户的积极支持。

活期和定期存款浮动利率的具体执行情况存在明显差距。活期存款利率上浮的规模只占全部试点网点活期存款（64.27亿元）的3.44%，比重低的原因之一是实行活期存款利率上浮的农信社网点少，之二是农信社结算服务手段落后，活期存款利率上浮对客户的吸引力不大。定期存款利率上浮的规模则占到了全部试点网点定期存款（89.93亿元）的81.48%，其余18.52%未执行上浮利率的是起存金额以下的存款或原有未到期存款，由于统计数据时政策已经出台了一年半，估计前者占多数。

一、存款利率浮动的市场反应

存款利率浮动的政策效应首先通过试点社存款业务的波动反映出来，然后对外影响存款市场的比重结构调整，对内影响试点社的经营管理和信贷投放等。这里先对利率浮动的市场效应作一些定量分析，看看存款利率浮动政策对市场份额的影响有多大，在试点社存款增长中有多少是由利率浮动政策带来的，存款的利率弹性如何等。

（一）存款市场份额变化的基本情况

经过利率的浮动试点，试点社全部存款的市场比重由7.88%提高到9.47%，提高了1.6个百分点；但因受非试点社存款比重减少的影响，全部农信社的存款市场比重只提高了0.65个百分点。由于利率浮动主要影响定期存款特别是定期储蓄，定期储蓄的市场份额增加程度高于全部存款，因此试点社提高了4个百分点，全部农信社也提高了2.7个百分点。如果拉长时间跨度，我们可以发现，存款利率浮动试点显著抑制了近年来农信社存款增长率逐年递减的趋势，扭转了农信社和其他银行机构增幅的差距。由此可以定性地判断，单方面赋予农信社的存款利率浮动政策增强了农信社的存款组织能力，政策产生了市场效应，影响了当地存款市场的比重结构。

（二）浮动政策效应的定量分析

我们通过与全市金融机构、全省农信社的比较来推测利率浮动政策对存款增长的影响程度，并将分析重点放在影响最明显的定期储蓄部分。改革前的 2001 年 3 月至 2002 年 9 月，全市农信社定期储蓄的增幅（19.03%）在全市金融机构（24.43%）和全省农信社（15.46%）之间，略低于两者的平均值（19.95%）。改革后的一年半时间，全市金融机构和全省农信社定期储蓄的增幅分别上升到 39.65% 和 31.97%，比前一时段增长加快的原因主要是外部环境变化。而两者差额只缩小了约 1 个百分点，增速差距基本保持稳定，表明在定期储蓄业务上，农信社系统的经营改善是有限的，温州农信社定期储蓄的超常增长可用利率政策的因素来解释。2002 年 9 月至 2004 年 3 月，温州试点社定期储蓄增长 88.29%，比全市金融机构和全省农信社增幅的平均值（35.81%）高 52.5 个百分点，占增幅的 59.4%，便可视为浮动利率政策对定期储蓄增加的拉动效应。

全部存款的情况与此相类似。假定两个时间段本市宏观经济变化影响存款增幅的程度以全市金融机构存款增幅变化为准，为 8.6 个百分点（40.96%~32.38%），后一时间段全省农信社的存款增幅高于全市金融机构（45.4%－40.96%＝4.44%），与前一时间段相反（32.35%－29.72%＝2.63%），这表明全省农信社内部机制改善等因素导致各项存款增长速度快于全市金融机构，程度约为 7.1 个百分点（4.44%＋2.63%），两者合计为 15.7 个百分点。因此，剔除存款利率浮动的政策因素，2002 年 9 月至 2004 年 3 月全市农信社的存款增幅应为 39.99%（24.29%＋15.7%），因利率浮动政策而提高的增幅则为 29.5%（69.5%－40%），实际增幅（69.5%）为 42.4%。

因此，我们可以得出以下结论：第一，在试点社一年半时间内增加的 37.24 亿元定期储蓄中，有 59.4% 是由存款利率浮动政策带来的，即为 22.1 亿元。在增加的 71.94 亿元全部存款中，则有 42.4% 是由政策带来的，即为 30.5 亿元。前者占比大于后者是合理的，因为利率浮动主要影响定期存款，而且存在因利率差别由活期转存为定期的情况。第二，因利率浮动而额外新增的 30.5 亿元存款，只占 2004 年 3 月末全部执行浮动利率的 75.5 亿元存款的 40.4%。其余约 60% 为存量转存或者自然增长存款，对这部分执行较高的浮动利率，纯粹加重了试点社的经营成本。第三，非试点社的各项存款增幅在改革试点后下降了，定期储蓄甚至出现了负增长，这一方面反映了各联社内部存款特别是定期储蓄的"搬家"，规避了县城网点利率不能浮动的政策限制，另一方面也表明农信社整体经营机制的改善并不明显。

（三）存款的利率弹性分析

弹性的经济学意义是指某一指标量变动一个百分点引起的另一指标量变动的百分数。存款的利率弹性就是指由利率引起的存款规模变化与利率变化的比值，它可以反映利率变动对存款的影响程度。但弹性的计算一般要求变量的变动幅度相对较小。在温州的农信社利率浮动试点中，苍南县和瑞安市是先期试点，改革已逐步到位，为我们提供了测算存款利率弹性的可能性。

在测算的同时，也可以作出一些定性判断：第一，四个利率弹性指标都大于 1，表明在独家利率浮动的情况下，存款是富有利率弹性的，也即利率浮动对农信社存款业务影响明显。第二，在时间上，两地均是后一个时间段的弹性大于前一个时间段，表明利率浮动的市场效应有一定的时滞，短期内的效应受到宣传和信息的影响。第三，瑞安市表现出比苍南县更富有弹性，这与两地的经济发达程度正相关，经济较发达区域的社会资金更丰富，弹性更大。第四，以上判断均是在独家浮动的差别利率政策下作出的，如果对所有金融机构都执行浮动利率，就不存在存款"搬家"的情况，存款利率弹性将显著下降，是否仍为"富有弹性"也难以断定。

二、存款利率改革的综合效应及问题

（一）利率浮动的市场综合效应

利率浮动政策的市场效应，不仅表现为上述的市场份额变化，更重要的是表现为存款市场结构的相应调整。温州的情况可从以下四个方面来归纳：

第一，与存款市场份额变化相对应，利率浮动有利于协调资金的城乡分布。调查表明，在当前商业银行体制改革的环境下，存款资金流向农信社还是商业银行，其运用的投向存在很大差别，通过存款由农村银行网点向农信社的转移，一部分资金被留在了当地农村。典型的例子如永嘉县岩头镇，农行网点吸收存款 1.5 亿元，在当地发放贷款仅 200 万元，绝大部分资金上存；而农信社吸收存款 1.6 亿元，发放贷款 1.46 亿元，存贷比为 91%，且类似情况非常普遍。国有银行在基层农村特别是欠发达农村网点的作用基本上就是提供结算服务和虹吸资金，因此，通过利率浮动增加农信社存款市场份额，一定程度上协调了信贷资金的城乡合理配置。

第二，从农信社多增存款的来源看，主要来自其他银行而非民间游资。温州民间游资较多，民间借贷活跃。出台利率浮动政策的目标之一就是希望吸纳民间游资，但从实施结果来看，利率浮动吸纳民间游资的效应不明显。主要原因是利率浮动幅度相对于民间借贷利率还是没有可比性，现行一年期存款利率上浮 30% 是 2.145‰，而民间借贷利率一般为 8‰~10‰，相差 4~5倍。因此，利率浮动政策影响民间借贷的途径主要是通过农信社增发贷款以减少农村经济主体向民间借款而间接实现的，而且当前银根紧缩，民间借贷反而有所趋旺。

第三，不同地区利率浮动的效果不同，导致农信社对执行浮动政策的积极性也不同。由于农信社通过利率浮动多增的存款主要来自其他银行，因此在农信社独家经营的乡镇，利率上浮的效果较差。例如，经济欠发达的泰顺县除县城外共 35 个乡镇，国有银行仅有 2 个农村网点，农信社有 26 个网点，由于绝大部分农信社网点为独家经营，利率浮动并没有明显扭转农信社的市场份额。政策效应的这种区域分布，又影响了不同地区农信社的积极性，市场竞争最激烈的市郊农信社对利率浮动政策表现出很高的积极性，而欠发达县如洞头县利率最高只上浮了 20%，文成县只在一个乡镇进行了试点。

第四，其他市场主体对农信社利率浮动的反应比较消极。调查发现，多数商业银行基层行并没有充分认识到目前的利率浮动试点是利率市场化的一个前奏，在内部经营和市场竞争方面也没有积极开展应对利率市场化的准备。

基层银行负责人在被问及下一步如何调整当前的差别利率政策时，都反对农信社继续试点，但也不希望自身同样享受利率浮动政策，认为这样做会增加经营成本。这种安于现状的经营理念，表明利率浮动政策在激发市场主体完善市场定价机制方面的效果并不明显。

（二）利率浮动与信贷支农问题

温州市通过对农信社实施差别利率政策，利用农信社在农村金融中的突出地位，加强信贷支农力度，在利率浮动试点的一年半时间里取得了较好成效。

第一，从农村金融市场供给现状来看，农信社已经成为农村信贷资金供给的主力军，特别是在国有银行逐步从农村金融市场退出之后，农信社支农的重要性更加突出。目前全市 8 个县（市）除城区外共有 235 个乡镇，但银行机构网点仅有 139 个，而且绝大部分没有贷款权；农信社网点共有 301 个，相差悬殊的网点分布决定了各自不同的支持区域和对象。2004 年 3 月末，农信社农业贷款 108.41 亿元，乡镇企业贷款 39.4 亿元，合计 147.81 亿元，占全市"三农"贷款的 79.4%。农信社的相对优势还表现在以下方面：内部管理上经营机制灵活自主，科层体制不明显；外部关系上与农村社区联系紧密，对贷款户信息掌握比较充分；温州农信社资产质量良好，2004 年 3 月末贷款不良率仅 3.2%。

第二，从信贷支农的政策选择看，相对于其他政策，运用利率杠杆更具有可行性。例如，尽管支农再贷款也发挥了明确的信贷支农作用，但再贷款资金直接增加中央银行的基础货币，而且信贷风险容易集聚到中央银行，负面作用较大，政策操作力度有限。一些农信社希望通过开发银行卡业务、改进结算工具来增强农信社实力，但在目前的农信社体制下，采取这些措施成本大，可行性不强，即使开发出来，也缺乏竞争优势。但利率浮动是一种市场机制，实践证明，其对本地金融市场格局的震动不大，也没有对周边地区的资金跨区域流动造成影响，负面作用小，外部成本低，存在比较优势。

第三，利率浮动政策作为支农的一项措施，也存在不足和问题。一方面，独家利率浮动政策无形中强化了农信社在农村金融市场上的垄断地位。农信社逐步控制农村金融市场，既不利于促使自身改善金融服务，又增加了农户的借款难度和资金成本。目前农贷利率一般是农信社"一口价"，在资金较紧张的欠发达农村往往上浮到顶，接近民间借贷利率。另一方面，由于不同地区利率浮动的市场效果不同，经济较发达的市郊等地效果明显，农信社积极性也高，但这与支农资金需求的区域结构恰恰相反。发达地区增加的资金一般并未真正用于农业，而是转移到了当地发达的个体工商业等行业；欠发达地区政策效果不明显，旺盛的农贷需求还是得不到满足，因而与政策目标存在一定的偏差。

（三）利率浮动与农信社发展

第一，利率浮动试点以差别利率的政策部分弥补了农信社原有的缺陷。农信社在市场竞争中存在多方面的劣势，历史和现实政策等因素又加重了农信社的经营负担。具体而言：①前几年"两社一会"等机构归并入农信社共190家，难以收回的呆账贷款达 3.3 亿元。②农业天然是相对高风险、低回报的弱势产业，而政策和现实规定了农信社是农村金融的主力，这种市场定位带有政治任务的性质。③分散独立的法人机构格局使农信社结算网络建设长期处于劣势，发行银行卡也受到政策限制。在这种情况下，利率浮动的政策优惠，实际上是以差别利率政策熨平原有的不平等状态；从一年半的市场竞争结果来看，也确实在一定程度上达到了这个目的。

第二，利率浮动试点促进了农信社的扩张性发展，一定程度地实现了规模经济。利率浮动带来的高成本存款增加，加大了农信社的信贷经营压力，而且如上所述，农信社支付浮动利率成本的存款实际上是多增存款的两倍多，因此农信社还需尽量提高贷款利率，以消化被提高的存款成本。特别是在2013 年上半年，农业资金供给较为宽松的环境下，全市农信社的存贷比曾一度降到了 68%，农信社相应地采取了以最低存贷比例考核为主的贷款营销对策，增加信贷投放，实现了扩张性发展。总体来看，规模的扩张性发展在一定程度上实现了规模经济，农信社的自身效益在业务增长中得到了改善。

第三，农信社内部经营机制的改善还不明显，扩张性发展也带来了风险隐患。对于试点社来说，利率市场化提出的经营管理挑战主要是如何建立合理的利率定价机制、利率成本效益考核和风险防范机制。农信社在这方面还乏善可陈，没有形成科学的、制度化的定价决策机制，存款利率浮动的灵活性不够，贷款利率则片面追求上浮，缺乏效益—安全搭配观念。另外，非试点社在改革过程中业务量明显萎缩的经营现状，更突出地暴露了农信社整体的内部经营机制没有随改革试点而改善的问题，表明试点社的业务发展主要还是在"吃政策"。在这种情况下，利率浮动政策也给农信社带来了风险隐患，比如信贷扩张和高利率信贷投放的相对高风险性，而且在这种业务扩张中，一旦遭遇利率浮动试点停止等政策变化，便有可能出现支付风险。

第四节　提高信贷资金使用率
降低信贷违约率

一、完善农户信用评级，优化贷款投向

农户生产经营的结构性差异对农户信贷违约风险会产生显著的影响，同时，农村合作金融机构是通过不同信贷产品的开发设计来满足不同信贷需求的，信贷产品不仅是金融机构的服务商品，同时也是信贷风险的管理工具。因此，农村合作金融机构应该通过完善农民信用评级和优化信贷产品设计实现更为合理的贷款人选择和贷款类别选择，进而优化贷款投向，实现对农户信贷违约风险的有效控制。当前，在农业现代化发展进程的推动下，随着农村劳动分工和农业产业专业化的发展，农户家庭经营结构的差异性逐步扩大，由此导致的农户金融需求差异性不断显现，农户信贷需求特征日益表现出多层次和个性化的分化现象，确定了农村合作金融机构信贷结构的调整势在必

行。农村合作金融机构应以市场为导向，深入挖掘农户信贷违约风险的结构性差异，并将其纳入农户信用评级的指标体系，提高农户信用评级的合理性与科学性。并通过研究农户信贷资金需求的差异性，在贷款主体、授信额度、利率、期限和贷款方式等方面不断创新，结合农户生产经营活动的成长周期特征和信贷需求的季节性、时效性等特征，完善产品设计和服务模式，以满足规模大户、成长发展户和投资起步户的不同信贷需求，并针对性地提高农户信贷金的使用效率。借鉴和修正国外的贷款定价基础理论，完善和细化贷款定价和信贷违约的数据信息，提高数理分析的精确性，提高农村合作金融机构违约风险的贷款定价水平。此外，农村经济的快速发展必须依靠专业化和分工来提升生产效率和规避农业生产风险，作为现代农业的重要载体，专业合作经济组织是推动农业现代产业化发展的重要力量。农村合作金融机构应基于农业专业合作经济组织，结合规模经营农户和"公司+农户""农业基地+公司"等农业产业化模式的内在需求，围绕农产品生产、加工和销售等各个产业链，创新金融工具，完善信贷产品设计，拓展金融服务功能，为产业链各节点提供充足的资金支持，构建农业产业链金融，本着以贷促增收、以增收求发展的经营理念，探索"放水养鱼"的动态战略风险控制路径。

二、加快完善种粮户土地流转机制，完善和细化粮食补贴政策

本书的研究结论显示，种粮农户违约率显著高于其他农户，为此笔者认为，应着力改变由地权分散化所形成的"小农之殇"的状况，实现种粮农户的规模收益。作为种粮农户实现规模经营最重要的外部环境，土地流转相关制度的完善与否直接决定农户对未来土地经营的预期。只有农户对土地承包期限及其经营权有稳定的预期，才能在实现土地经营规模扩大的同时，保障土地经营效率的稳定提升。土地经营有其自身的规律，土地的开发利用与保养相辅相成，粗放的、掠夺式的土地经营方式破坏土壤生态，虽然可以实现短时间的增产增收，长期来看却大大降低了粮食产量和农业生产的整体效率，由此导致的土地浪费与恶化更要人类为此付出巨大的代价。因此，政府应当

加快土地流转制度的法制化进程，完善农村剩余劳动力转移的相关配套措施，健全城市化和社会保障机制，弱化土地的就业和社会保障功能，引导农村剩余劳动力由第一产业向第二、第三产业转移。

总之，通过完善的土地流转制度，使农户形成长期且乐观的土地规模经营预期，提高种粮农户的规模经营意愿，引导农户关注土地质量和生成潜力，提高农业技术效率和降低经营成本，实现种粮农户的规模收益。

一项好的政策，往往比上亿元资金的直接投入还能取得更好的效果。在新的形势下，改善种粮农户生产经营现状，还必须强调粮食政策的投入。加大对粮食生产发展的扶持力度，完善和细化粮食补贴政策，落实补贴对种粮农户生产行为的激励作用。政府在维护粮食安全方面，应将长期的粮食宏观调控政策与短期的市场供求政策相结合，继续实施粮食最低收购价政策，合理构建粮食供应预警和应急机制，防止粮食市场供求的大幅波动，避免"多收了三五斗"对农户种粮积极性的抑制，最大限度地保证种粮农户的经济效益，增加粮食经营收入。同时，随着国家财力的增强，政府应该增加资金投入规模，扩大专项补贴范围和补贴环节，适当提高保护价格，扩大保护价格作用范围，细化粮食直接补贴、农资增支综合直补、最低收购价、良种补贴和农机具购置补贴等政策，完善粮食补贴政策的操作方式，坚决打击执行中的不法行为，使政策得到真正的贯彻和落实，保护种粮农户的经济利益，提高种粮农户信贷资金的使用效率，增强其自身的资金积累能力和偿债能力。

三、开发农户多元化增收途径，有效防范农户经营市场风险

农民增收问题仍是困扰农户信贷违约风险的主要原因。当前，农民增收已经从减免增收发展为收益增收，应通过"多予、少取、放活"优化农村经济发展环境，通过创新农民增收途径实现增收实效。农业不仅指农产品的生产，还应包括与此相关联的食品制造、农畜产品加工（第二产业）和销售、流通、农业旅游和信息服务（第三产业）。现代化农业发展中，农户增收和农村经济效益的提高只能依靠农业各产业间的有机整合才能实现，应依托农

业产业链的延伸增加农产品的附加值，并通过构建农民利益共同体，如农业专业技术合作社，提高农户的谈判能力和认知水平，在农民利益主体主导下，努力使更多的附加值留在农村，助益农户增收。应把农民增收的着眼点放在对农业和农村的多功能利用和开发上，农民增收的主要路径依赖于本地农村资源因地制宜且充分有效的利用。政府在不断加大对农民和农业财政补贴的同时，还应在提高当地资源挖掘和利用效率方面发挥引导和扶持的作用。

此外，随着市场经济条件下农业"小生产"与"大市场"的对接，农产品的市场价格风险即"菜贱伤农"已成为农户信贷违约风险的重要影响因素。农产品价格市场波动会导致农户收益的不确定性并增加农业生产决策的难度，因此，应着力构建农产品价格波动管理体系，降低农户生产经营过程面临的市场风险。其一，强化政府"价格监管"职能，增强政府对农产品市场价格的宏观调控能力。其二，利用市场工具转移农产品价格风险。发展农业合约，提高合约的规范化，增强合约参与主体的法治意识和信用意识，维护订单合同的严肃性，提高农业合约的应用效力；完善期货市场，增加期货交易品种，扩大交易规模，并积极培育期货市场交易主体和中介，最大化期货市场的风险分散功能。其三，完善农产品价格补偿调节机制。在政策标准允许的范围内，以最大力度实施农产品保护价格政策，包括科学地选择农产品保护价格的支付方式和合理地制定农产品保护价格，尤其是农产品最低收购价政策。其四，建立农产品价格监测和预警体系，完善农产品的应急投放机制。

四、探索保贷结合新模式，完善农村信用共同体

在农户信贷违约风险原因的分析中，发现特色种养殖与经商风险较大，投资失败导致的违约率很高。为此，笔者认为应探索农户信贷与小额保险结合新模式，通过风险共担机制降低农户立足农业创业的投资风险，控制农村合作金融机构贷款农户的违约风险。农户在申请贷款的过程中，按诚信和互利互惠原则，一部分自己出资，另一部分由财政出资，共同购买信贷资金保

险，在保险公司、农村合作金融机构和农户三者之间达成"三方协议"，政府将一部分财政支农资金转化为信贷保险的保费补贴，在农户发生损失时，保险公司的赔偿可以用于保障信贷的偿还，实现国家财政补贴农业、保障信用社资金安全和提高农户正规贷款可得性的三方共赢。这种保贷结合机制以国家财政对农村小额保险的小额补贴，换取风险发生时小额保险对农民的有效经济补偿，更好地实现了财政支农资金放大效应的发挥，而保险公司为了增加自己的利益会更加主动地为农户服务，了解农户资金的使用情况，发挥信贷资金使用的监督职能，进一步降低农户道德风险的可能性，进而保障农村合作金融机构信贷资产的安全性。

应积极完善由国家、农村合作金融机构、保险公司、信用担保机构和农户共同参与的农村信用共同体。运用财政、税收、金融、再保险等经济手段，吸引和鼓励国内商业性保险公司、国外有丰富农业保险经营经验的外资保险公司或合资保险公司到农村开办农业保险业务；建立政府扶持、多方参与、市场运作的多层次的农业信用担保体系，包括政策性、合作互助性和商业性信用担保体系，建立小额农贷担保基金，由地方政府、农村合作金融机构共同出资，主要用于自然灾害等因素所造成的经济损失补偿，创新贷款担保模式，完善"公司+农户""协会+养殖户"和"农民专业合作社+农户"等形式，拓展不同行业农户之间互保、联保模式，壮大信用担保体系；深度挖掘农户现有资产的产权抵押和担保功能，扩大信贷抵押范围。探索和改革农地使用权、大型农用机械设备设施、农业生物资产、农业知识产权和专利等产权的抵押模式，同时设立产权交易中心，为贷款抵押物提供交易平台。总之，通过构建与维护农村信用共同体，促进农户融入现代金融领域，激发农户信贷资金使用效率，有效分散和降低农村合作金融机构贷款农户的信贷违约风险。

五、坚持科教兴农和人才强农 培育农村社会资本

研究结论显示，农户的受教育程度与信贷违约风险之间存在显著的正相

关关系，提高农户受教育水平，发展农村基础教育，有助于切实提高农户信贷资金的使用效率和偿还能力。当前，在农业现代化进程中，与传统农业相比，现代农业发展更注重科技创新和先进经营管理方式的推广和利用，这对农户的劳动力素质提出了更高的要求，进一步凸显农业科技力量投入与教育培训的重要性。农村教育本身是一项系统工程，当前我国农村基础教育质量整体水平不高，普遍存在的教学条件差、师资力量不稳定、家庭教育环境缺失以及教育经费短缺问题，是在长期经济社会发展过程中多因素积累的结果。为此，其一，着力提升农村地区基础教育质量。基础教育是具有很大效益外溢性的典型公共产品，世界银行专家研究发现，发展中国家的基础教育投资是高等教育投资回报率的两倍。应继续加大农村基础教育投入，提高农村地区办学条件和教师待遇，开展"顶岗支教"活动，优化城乡师资交流机制。其二，将农户的技术与金融培训常态化，提高农民的综合素质。相关政府部门和金融机构应协调相关科研、中介和培训等机构，多途径、多方式地为农户提供定期指导和业务咨询，内容不仅包括专业技能、病虫害防疫防治、市场营销、经营管理等生产知识与技能，还包括金融相关知识普及与使用技能培训。同时，加大农户教育培训的经费投入，完善农培专项资金管理办法，深入实施农村劳动力素质提升培训工程，健全农户教育培训体系。总之，通过教育和培训转变农户的经营管理观念，提升农户生产经营的市场化能力和合理有效利用现代金融工具的能力，提高农民的综合素质。其三，增加农业科技研发投入，加速技术研发成果到农业生产应用的转化，提高科技对农业的贡献率。通过农业技术推广，改善农业弱质性特征，降低农业生产受到的市场和资源约束，提高农业生产效率和农产品附加值，帮助农民增收，降低农户的信贷违约风险。

此外，诚信是金融市场健康运行的基础，本书的研究结论显示，农村社会资本也是一种可供利用的控制农户违约行为、促进履约的机制。农村的社会规范和社会网络是一个复杂的社会工程，社会资本的构建和完善也是一个长期的过程。其一，应以新农村建设和城乡统筹发展为契机，重塑农村道德。

通过弘扬民族优秀文化，扭转不良社会风气；加强法制建设，将一些由道德软约束的行为提升为法制硬约束，强制恢复社会规范，培育基于公民社会的农村社会资本模式；发展村民自治，提高农村的民主化程度，优化乡村治理结构；完善农村交流网络，以各种形式增加农民的社会融入感。其二，农村合作金融机构应该积极参与新型社会资本营造。比如将一些基层干部或具有广泛影响力的农民聘请为信贷监督员或联络员；招收具有较多社会关系的当地人作为信贷员；开展"信用村镇"评选，将一个村、镇捆绑成信用单位，农村邻里之间知根知底，将这种信息优势发挥出来，便于共同创造良好的信用记录，也便于相互监督，巧借农村社会资本的制裁和舆论机制促进农户履行合约，降低农户信贷违约风险。

第五节　优化农村合作金融机构完善信贷风险内控体系

一、树立全面风险管理观，优化信贷风险内控体系

新一轮农村信用社改革助推"机制"的创新，在关注产权明晰和法人治理结构完善的背景下，信贷风险管理逐步超越了相对狭窄且纯粹的技术性管理概念和范畴，体现出全面综合和整合的特点，成为农村合作金融机构的综合治理问题。信贷风险管理本身并不是一个独立的管理活动，也不是银行新增加的一项管理活动，它是渗透到银行经营管理活动中的一系列行为，内生于银行各项经营管理的流程之中。本书研究结论显示，陕西农村合作金融机构信贷风险内控体系各要素完善程度差异很小，评价趋同，也表明农村合作金融机构信贷风险控制各组成要素之间相互钳制与制衡，是一个有机联系的

动态管理过程。①.

当前，国际金融市场的深化与国际银行业的转型对银行风险管理提出了更高的要求，《新巴塞尔协议》的颁布标志着银行风险管理进入了全面风险管理时代。全面风险管理是由若干风险管理要素组成的一个有机体系，这个体系可以将风险和收益、风险偏好和风险策略紧密结合起来，增强风险应对能力，尽量减小操作失误和因此造成的损失，准确判断和管理交叉风险，提高对多种风险的整体反应能力，最终根据风险科学分配经济资本，确保银行各项业务持续健康发展。可见，全面风险管理是一个过程，本身有其输入和输出的要素，具有规范的管理流程；全面风险管理必须依靠全体员工的"知"与"行"；全面风险管理要求将信用风险、市场风险及各种其他风险以及包含这些风险的各种金融资产与资产组合、承担这些风险的各个业务单位纳入统一的体系中，依据统一的标准对各类风险进行测量并加总，且依据业务之间的相关性对风险进行控制和管理。农村合作金融机构应以全面风险管理观来指导信贷风险内控体系建设的实践，考虑机构所有层面的风险管理活动，从整体层面的战略规划和资源分配，到各业务单元的市场和产品管理，风险都应得到有效控制。

二、强化激励与约束，完善信贷风险内控体系

（一）强化风险管理部的机构地位，落实各环节风险责任

当前农村合作金融机构信贷风险的过程控制环节相对而言最为薄弱。长期以来，历史原因导致风险控制意识不强，进而造成农村合作金融机构在信贷风险管理制度建设上的不完善，不能涵盖管理全过程和各个操作环节。另外，由于信贷业务的风险管理不可避免地与业务部门交织混合，信贷风险的控制制度散落于各种操作规程和业务管理办法中，增加了风险防范制度系统的执行难度，导致在制度实施过程中缺乏足够的执行力。农村合作金融机构

---

① 张云燕. 农村合作金融机构信贷风险影响因素及控制研究［M］. 北京：中国金融出版社，2015.

应按照严格的逻辑设计和详细分解信贷风险管理的职权与职责，并使其顺序得当，衔接紧密，从而使各岗位都能清晰了解其需要承担的风险控制责任以及所应采取的风险防范措施。还应着力构建独立、完整的信贷风险管理体系，完善董事会领导下的纵向风险管理部建设，强化风险管理部的职责和权限，通过统筹规划和制度建设，保障风险管理部职能作用的充分发挥，实现风险管理部从单纯的后台信贷风险控制到实施全程风险管理的角色转换，将管理的触角延伸至信贷业务各环节和流程安排。

（二）实现风险控制的产权激励，激发内生动力

实证结论显示，法人治理结构对机构信贷风险控制所发挥的基础性作用的影响程度最高。农村合作金融机构应尽快确立由国家相对控股、员工和企业参股的多元化产权结构，扭转多年来形成的行政管理模式下的非市场化经营传统，强化产权激励，明确经营目标，提高抵御行政干预的能力。并着力构建具有独立性、前瞻性和权威性的现代化稽核监督体系，发挥内部稽核审计的作用，提升内控体系的监督力度，实现信贷风险内部控制系统的权力制衡。此外，通过引入一些全新的考核方式，如经风险调整后的资本收益率、扣除资本后的净收益、经济增加值等，推广和确立这些指标深层蕴含的"以追求股东价值最大化和保持银行长期发展能力为目标"的全新管理理念，激发农村合作金融机构信贷风险控制的内生动力。

（三）建设先进的信息管理和支持系统，提高技术效率

信贷风险的内部控制过程同时也是信息的传递、反馈及交流过程，农村合作金融机构信贷风险控制的提升离不开先进的、符合需要的信息管理与支持系统的高效运行。本书实证结论显示，信息管理对农村合作金融机构信贷风险控制的重要程度仅次于法人治理结构和风险控制部门的职能发挥。农村合作金融机构深度开发信息资源，提高信息的准确性与综合处理技术，使信息科技成为业务创新的基础工具和管理决策的重要支持。还应致力于采用先进的风险评估技术与方法，通过对风险的量化分析寻求信贷风险产生和发展的规律，加强行业间信息交流与共享，通过信息交流渠道动态绘制组织与部

门边界，实现最优风险沟通、决策和控制效率，真正将数据转变为资源。同时，全面风险控制理念的贯彻和先进风险控制技术的开发与运用都需要高素质的信贷业务管理人员。农村合作金融机构应该始终秉承"人才兴社"的思想理念，引进和吸纳高素质人才补充员工队伍，关注在职员工的素质提高，对员工进行金融政策法规、职业道德教育和风险控制相关业务培训，明确岗位风险控制职责，提升员工风险控制意识，尽力挖掘和激发员工进行风险信息加工和反馈的主观能动性。

（四）完善信贷风险控制的激励与约束，培育风险文化

培育先进的信贷风险文化，是提升信贷风险控制的重要环节，有效的信贷风险控制路径是以培育风险文化为基础的。风险文化作为一个动态概念，需要农村合作金融机构不断地进行建设和维护。农村合作金融机构应着力构建多层级、结构化的信贷风险文化系统工程，强化统一的信贷偏好，围绕稳健合规、诚信审慎等鲜明主题培育信贷风险文化，并在信贷风险文化中贯彻人本思想，渗透人文关怀，将信贷风险控制与员工的职业发展规划相结合，激励员工在拓展信贷业务的过程中关注信贷风险的滞后性，将信贷风险纳入个人目标价值，从员工职业发展的理性选择视角引导风险文化的成长，进而提高机构的凝聚力和员工的忠诚度。此外，信贷风险文化还应与激励考核和责任落实制度相结合。农村合作金融机构在设计薪酬激励制度时，必须充分考虑信贷风险内容，根据目标运用灵活多样的激励方式，并保持薪酬激励与人力资源实务的一致性，整体推进，配套实施。信贷风险责任的落实应以明确的岗位职责划分为前提，以独立、权威的专业测评为依据，兼顾考虑信贷风险成因的复杂性，避免"少做少错少责任"等负面激励效果的发生。风险文化建设能够发挥"软因素"基于信贷风险内部控制硬件系统的乘数效应，并通过文化所特有的渗透和传承特性，推进并实现全面风险管理理念所倡导的全员风险管理与全过程风险管理。

第六节 农村合作金融机构信贷风险监管对策

一、推进农村经济平稳快速发展

应构建以市场为基础、政府为主导的"城乡统筹"协调发展体制，赋予并培育农民平等的市场主体地位和农村经济的产业地位，壮大农村市场经济主体，激发农村经济发展活力。增加农村公共产品供给，建立城乡统筹的农村公共产品供给体系，奠定农村经济发展基础。加速农村生产要素流动，促进农村剩余劳动力转移，改善农村经济发展质态，增加农民就业。优化农业和农村经济结构，促进农业和农村科技进步，发挥农业生产的比较优势和比较利益。优化农业区域布局，推行农业标准化生产，实施农业规模化发展战略，促进农业企业化和农村非农产业发展，解除农村金融发展的农村经济约束，为农村合作金融机构发展及其信贷风险控制提供良好的宏观经济环境。

二、落实财政支农资金投放，扩大财政支农投资乘数效应

应保持农业投资的稳定性，这将有助于农业生产要素的积累，提高农业生产的稳定性。农业资金投入不稳定，会破坏生产力的积累性、继承性与均衡性，会造成巨大的浪费，特别是在当前我国农业生产力水平还不高的情况下更是如此。应把政府财政的农业投资列入法制建设计划，通过立法对农业的财政投资行为加以约束，防止投资的随意性和短期行为，确保政府财政投资总量的持续稳定增长。转变农业投资重心，将投资重心逐渐转向农业基础设施建设、农业科技研究开发、环境规划与生态保护、健全农村信息网络系统和技术推广普及等间接支持上，服务农业产业升级。同时，培育财政投资引导机制，增强政府财政导向功能，采取得力的政策和措施引导和鼓励其他

投资主体进行农业投资。优化财政投资结构，加强投资管理和强化集中使用，改变目前对农业的财政投资重支出轻管理、重到位轻效益的现象。要坚持经济效益、社会效益和生态效益相结合的原则，切实做到以效益为中心，合理调整投资结构，促进农业投资供给与需求的结构性均衡，优化生产结构与资源配置布局。在项目选择评估指标体系的构建中，依据国家和地方的农业政策、资源条件以及未来农业的发展趋势，强化基础建设，消除瓶颈制约，支持支柱产业，实现科学化的项目选定和评估。实行财政支农资金的统一制度、规划、使用和管理，通过集中化使用和全程的跟踪检查，防止资金的重复交叉，提高资金的使用效率。

三、规范地方政府融资行为，防范地方政府债务风险

应加强地方政府债务管理，着力构建风险化解长效机制。首先，转变政府职能，理顺财政关系，实现地方政府预算软约束和新型绩效考核制度的配套实施，以利益诱导的方式，消除地方政府过度投资的冲动，规范地方政府的融资行为，降低地方政府对农村合作金融机构的干预动机。其次，清晰界定地方政府债务的内涵与外延，以此统计地方政府债务的规模，并厘清各类债务的结构及地方政府的实际偿债能力，制定合理的偿债规划。最后，构建科学的地方政府债务风险评估和监测体系，形成持续的、动态的、有差别的地方政府债务风险监测预警机制、中间控制机制和调节传导机制，防止由政府的融资渠道不畅和项目资金链断裂引发大规模支付危机的可能性。总之，从长期动态来看，用经济增长和提高负债成本的方式，构建地方政府债务的长效管理机制，旨在通过政、民、银、企多方合作共赢，实现社会福利与商业利益的统一，为农村合作金融机构的发展营造良好的政治环境。

四、加速培育农村金融市场体系

效率的提升天然内置于竞争的环境中，行业垄断带来的是效率与福利的损失以及有效投资的不足。随着农村改革的深入和农村商品经济的发展，放

开农村金融市场的准入门槛，扎实推进利率市场化改进，打破农村合作金融机构在农村地区信贷资金供应市场上的垄断地位，鼓励银行和其他金融机构向农业和农村地区投资以增强农村金融市场的竞争，是激励机构强化信贷风险控制能力，提高"三农"金融服务水平的根本途径。为此，应探索政府资金对民间资金的诱导循环机制，发挥政策的首倡、引导和示范的功能，引导涉农服务资金流向；建立和完善社会化信用服务体系，缓解信息不对称，加大不诚信的机会成本；建立多种形式的农村信用担保机构，发展农业保险，建立存款保险制度，分散金融机构风险；实施充分和审慎的监管，规范业务开展。通过农村金融体系的完善，深化农村合作金融机构信贷风险控制的利益诱导和激励。

第八章　温州地区对外投资和
资金外流问题监管

随着温州本地经济增长、资本积累及区域间投资环境的相对变化，温州人对外投资和资金外流的问题日益突出，引起了社会的广泛关注。但这实际上并不仅仅是温州的问题，而是大量经济先发地区已经遭遇或可能遭遇的普遍性问题。本书以温州为例，研究跨区域投资和资金外流现象，初步给出区域资金外流的规模匡算方法，并从流出区域角度分析资金外流的元凶和影响。

从全国角度来看，国内的跨区域投资一般无碍甚至在某种程度上有益于整体的经济发展和投资增长。但全局是由各个部分构成的，区域间通过改善投资环境以争夺民间资金的竞争，无疑更有利于推进全国的整体发展。而且，从改革开放 40 年的经验来看，我国经济取得持续快速增长的一项重要推动力量，恰恰就是地方之间不断强化的竞争和博弈。正是从这样的基本观点出发，我们认为，资金流出地区不能在跨区域投资加剧的态势中保持"无作为"态度，而应遵从市场规律，积极、有序地应对区域投融资环境竞争，通过改善投资环境，尽量留住民间资本投资。

第一节　温州对外投资的基本情况

据统计，温州人在全国各地投资、经商、办实业的有 150 多万人，占全市在籍人口的 20%。其中，从事商贸流通业的 102 万人，从事中介服务、居民日常生活服务的 36 万人，从事工业活动的 16 万人，分别占外出从业者人数的 67%、23% 和 10%。从事工业活动的主要为企业主、高管人员和营销人员，人数虽少，但创办企业 1.57 万家，其中规模以上工业企业 2300 多家。他们带动资金转移最多，估计累计投资 1050 亿元，年工业总产值 1100 亿元，影响最大。

温州人在外地创办企业以温州企业扩张外迁形式为主。企业外迁主要有几种形式：

一是部分外迁。温州企业以劳动密集型的传统产业为主，为了在产品开发和销售方面能跟上全国乃至世界先进水平，一些企业纷纷把自己的研发、销售机构或生产基地甚至总部迁往外地中心城市。如服装业，由于本地缺少优秀设计人才，报喜鸟集团将研发和销售部门迁往上海，骊谷、美特斯·邦威也将总部迁往上海。又如电器行业，柳市的十大电器集团都在上海设立了生产基地。在企业发展规划中，许多企业还将发展重点定位在外地。

二是整体外迁，包括企业整体外迁甚至整个行业的外迁。例如，20 世纪 90 年代中期，温州的灯具行业在全国都很有影响力，但由于技术和销售上的原因，现在几乎整体迁移到广东，在世界最大的灯具生产基地中山市古镇，约有 20% 的企业为温州人所办。另如瑞安的场桥、鲍田两镇共有 50 多家羊毛衫企业迁往上海、桐乡两地；永嘉纽扣、拉链也向义乌转移等。据介绍，温州在上海的企业达到 4000 多家，其中很大一部分是由温州外迁的。

三是并购外迁。温州企业在发展壮大的过程中积蓄了充足的资本，在外地国有企业改制过程中发挥了积极作用，成为低成本扩张的得利者。如人民电器集团与 34 家上海企业达成合并协议；人本集团在全国共购并了 20 多家企业，一举成为全国最大的轴承生产企业之一。

除企业外迁投资外，温州人对外投资还有三个主要领域值得关注：

一是在全国创办专业销售市场。据统计，温州人的对外投资是从跑营销、商业拓展开始的，并逐步发展为创办大型专业销售市场。目前温州人在全国各地创办了 100 多个市场，市场总摊位 5 万多个，市场成交总额为 800 亿~1000 亿元，其中大部分销售的是温州产品。比如北京京温市场年成交额为 63 亿元，列北京综合性市场第二位；成都荷花池市场占地 550 亩，投资额达 21 亿元，拥有 1.9 万个摊位，年成交额达 30 多亿元。

二是从事房地产投资。随着房地产业后发性优势的凸显，温州人的房地产投资走强，在上海、江苏、安徽、江西、四川、重庆、吉林、山东、辽宁、陕西、海南等 20 多个省份相继成立了 100 多家房地产公司，建设规模达 100 多亿元。个人在全国各地购买房地产的情况更为普遍，其中温州当地组织的看房团达 88 个，团员 3500 人次；未通过看房团形式而分散购房的温州人则更多，资金规模也超百亿元。

三是投资煤炭、水电等能源。特别是由于当前全国能源紧张、温州能源匮乏，在外地从事高回报率的煤矿、油田、水电等能源类投资的温州人急剧增加。例如，平阳、苍南等地的资金大量涌向山西、陕西等省投资煤矿开采项目。据调查，平阳水头一带 80% 的家庭参与煤矿投资，估计投资规模达到 40 亿元。

第二节　温州地区资金外流规模

对外投资、企业外迁必然导致资金外流，但温州的资金外流规模究竟有多大还是个谜。我们对温州投资性资金外流规模的匡算如下：

一、各种渠道资金跨区域流动的总规模

根据银行概览，作为银行部门负债的社会货币供应量是由银行部门通过对其他社会经济主体的资产运用创造的。一个地区银行资产运用的主要渠道包括贷款（含票据贴现）和结售汇顺差，通过这两种渠道的资产运用，最终

为社会创造存款与现金形式的货币供应量。因此，若不考虑货币资金的跨区域流动，一个地区当年的新增贷款和结售汇顺差之和应等于新增存款和现金净投放量，而两者的差额可视为跨区域的货币资金净流量。

二、非政府部门及劳动力服务的社会性资金跨区域流动规模

财政性资金净流出指上缴上级财政收入减去财政款项下拨和中央、省辖企事业单位内部资金划拨等。扣除财政性资金流动之后的一个地区向外地的货物采购，会引起货币资金流出；对外地的产品销售，会引起货币资金流入；两者轧差即为有物资相对应的货币资金跨区域流动。这一部分是最复杂的。我们先作定性判断：第一，温州是全国经济较发达、社会财富积累较多的地区，是轻工制造业的中心之一。一般而言，与外地的收支关系中应是总收入多于总支出，即净流入。第二，有一个因素应单独考虑：上面我们已将外贸出口的结汇收入直接计入货币供应，而出口产品中，由外地购入原材料的货款支付则相应地要算作一项货币资金净支出。由于近年外贸业务增长快于整体经济增长，后者的重要性不断上升。

其中，出口品的原料采购资金支出估计为净出口值的50%。剔除这部分有物资相对应的资金流出，结果如下：

剩余的社会资金跨区域流动规模可视为一般性跨区域净收入与投资性资金流出的和，前者大于后者则为负值，前者小于后者则为正值。最大的负值出现在1997年，当时温州的对外投资主要是增量性质的，即由温州人在外地赚取的利润进行投资，而由本地存量资金的外流或企业外迁并不明显，因此，当时的投资性资金外流规模可以忽略不计。净收入增幅也明显下降，再加上净收入中直接在外投资而未流回的情况增加，消费结构变化使汽车等净输入快速增多，可以认为这期间净收入年增长在一位数之内，估计平均年递增5%，而且随着投资性资金外流加快，2001年后的净收入增幅在继续降低。

第三节 对外投资和资金外流的原因与影响

温州的对外投资和资金外流，表明温州区域经济发展由本地生产、商品输出模式提升到了资本输出、跨区域经营模式，资金外流的根源在于民间资本的逐利性和扩张性，企业外迁和对外投资是温州企业在当地生产资源有限情况下进一步成长的必然途径。具体而言，当前温州形成规模较大的对外投资和资金外流的原因有以下几个方面。

第一，地缘文化作用的结果。受历史上发达的工商业传统即农商文化、移民文化和"永嘉学派"重利、重商哲学观点的影响，温州人积累了走南闯北的商业游牧特性，这成为温州人外出投资经营的文化基础；改革开放以来的营销大军则为对外投资奠定了现实基础。

第二，受区位特点影响。温州位于我国海岸线的中心位置，处于长三角经济区和珠三角经济区的连接处。由于不属于上海、广州这两大都市的直接辐射范围，很难承接这两地经济发展的溢出效应，这就使温州经济形成了"引进来难而必须走出去"的格局。

第三，企业自身发展的需要。企业发展到一定阶段后，为了追求更高的目标，必然寻求更为适合自己的生存空间和环境。如有些企业为在技术、信息、人才方面更好地与国内、国际先进水平接轨，在更大范围内参与市场竞争，抢占市场份额，或者为了与国内外龙头企业就近配套以降低交易成本，把生产基地和技术开发机构迁往大城市。有些企业为了节省电费、租金、运输等生产成本，迁往费用较低的地方。

第四，本地综合经济环境不佳。这具体表现在：

一是土地资源匮乏。1990～2001年，温州的耕地面积减少了30.78万亩；而企业出于拓展生存空间的需要，对土地的需求日益膨胀，导致温州地价一涨再涨，工业园区对企业的门槛也水涨船高。如瓯北工业区的地价从一期的 16 万元/亩涨到三期的 26 万元/亩。而且，由于企业用地审批制度操作不规范和土地二级市场运行规则尚未建立，开发区的土地黑市价格竟高达 80 万元/亩。

二是劳动力成本提高。温州大量利用外来劳动力资源，但由于外来工人在温州生活的成本不断加大，租房等费用提高，劳动力减少，工资成本增加，大量企业反映招工困难，员工队伍不稳定。这种情况自 2003 年以来更趋严重，2004 年春节前后温州职介中心统计的求职民工数量同比下降了 43%。

三是城市化程度落后。温州部分强镇如龙港、柳市等的经济社会发展已初具城市规模，但行政上仍为镇的建制。由于体制问题，这些镇的社会管理、城市化扩张、经济发展均受到了严重制约，如正泰、德力西等企业将部分生产和研发中心迁往上海，主要就是受本地城市化程度低的影响。

四是本地政府服务不规范。针对温州资本外流趋势有增无减的现象，温州市政府推出了一系列招商引资的优惠政策，但部分执法人员素质较低，导致具体操作不规范，从而使政策效果大打折扣。

五是外地政府大力招商引资。民营经济发育较早的先发优势，使温州成为全国各地招商引资的重点。近年来，各地来温州招商引资达到高潮，最多时一个星期就有 10 多批。外地政府在温州招商一般政策都较优惠，手段灵活，并提供优良的服务和给予较高的政治待遇，对温州企业和民间资金产生了很强的吸引力。

关于对外投资和资金外流的影响要一分为二地看待。一方面，投资性资金外流可以缓解矛盾，在一定程度上是有利于当地经济发展的。具体而言：①有利于温州产业提升，促进产业结构的调整。一些不适应温州资源条件和政策环境的企业如高能耗、高污染、劳动密集型企业外迁，而适应温州环境、协作配套程度高的行业在本地得到进一步发展，提升了整个城市的产业结构。②有利于技术、信息回流，反哺本地企业发展。企业在大城市设立分支机构和研发中心，向产业供应链中的外地核心大企业学习技术与管理经验，能够反馈和充分利用国际大都市的优势资源。③通过"走出去"战略，利用外地的优势资源弥补温州自然资源的不足，缓解了资源矛盾特别是用地、能源等方面的紧张状况，使本地产业的发展成本不至于过高。资金和自然资源的这种区域性协调互补，有利于维持存留在本地的资金的较高利润率。

但是，过度的投资性资金外流，也会对本地的经济和金融发展产生不良后果。对于当前愈演愈烈的资金外流态势，我们认为：

首先，分散的企业外迁并不可怕，但如果一个行业企业群体性外迁或者大量龙头企业外迁，如20世纪90年代末的灯具产业、瑞安的羊毛衫企业等，则会动摇本地产业基础，导致产业空心化。

其次，个别的对外投资并不可怕，但如果使大批具有创业创新能力的温州企业家对本地的投资环境失去信心，对外投资形成一种气候或者惯性，则会造成对经济发展最具重要性的人才和资金的双流失，影响本地经济的增长后劲。

再次，有回流的资金外流并不可怕，但如果回乡投资创业越来越少，在外地的温州人与温州本地经济的关联度不断下降，资金外流影响本地银行经营和财政收入，并导致银行、财政对地方经济发展的支持力度下降的恶性循环，则会使资金外流态势不可逆转，温州可能最终失去经济发展的先发优势。

最后，由于温州对外实业投资对本地经济发展的影响是利弊共存，为了扬利抑弊，当务之急就是要加快改善温州的综合经济环境，切实贯彻好招商引资政策，鼓励在外地的温州人和外地企业家来温州投资，促进温州与全国各地的互动合作发展。

政府及银行必须做好以下几方面工作：

（一）切实改善政府服务软环境

解决政府服务中存在的不规范问题，关键是要转变角色，促进政府从管理者向服务者的角色转变；继续推进行政审批制度改革，削弱审批事项和各种审批前置条件；提高政府办事的透明度，方便企业办事，加强行政效能监察力度，完善投诉机制和责任追究制度，落实廉政建设责任制等。

（二）解决企业用地紧张问题

高度重视土地的供应和运营的管理。一是通过大面积开发滩涂、荒山和海涂围垦造地，并运用土地整理折抵指标政策，增加土地总量。二是集约用地，规范中小企业标准厂房建设，提高工业园区利用率，节制用地，收回闲置土地。三是深化土地使用制度改革，培育和规范土地市场，包括统一组织土地一级开发，供应熟地；开辟土地二级市场，规范土地转让再转让政策等。

（三）实现地方政策和体制创新

目前，各地政府为吸引民间企业前往本地投资，纷纷推出了一系列优惠政策。温州市也必须实施政策创新，改变政策环境相对过严的问题，保持温州市的政策与各地相对平衡。如加大财政支出力度，坚持实事求是的税收征管办法，实施合理有利的公共产品价格政策；做好引资和选资，优化产业结构；改造和提升传统产业，促使产业升级；深化投融资体制改革，引导民间资本和民间借贷发挥其社会融资的积极作用等。

（四）加快温州城市化建设

不断改善基础设施条件，形成快进快出的人流、物流、商品流和信息流，为来温州发展的企业提供良好的硬件和软件环境。改善基础设施条件，进一步消除水、电、路、城、通信等基础设施对经济发展的制约因素。加快居住环境的配套设施建设，提高城市的形象力和吸引力；推进教育事业的发展，提升温州市的文化品位。

（五）银行要加强跨区域信贷资金流动管理

在资金外流中，企业挪用本地银行贷款到异地投资的情况比较普遍。商业银行要加强对在外地投资企业的信贷资金使用情况的跟踪检查和严密监控，通过网上银行等方式，监督企业资金的进出。对于必要的异地贷款，应在贷款客户所在地确定贷款协助管理行，做好异地贷款监测管理。

第四节　个人和企业境外投资和资金外流问题监管

一、监管目的与意义

开展个人境外直接投资试点的目的是探索建立规范便捷的个人境外直接投资渠道，实现推动发展个人境外投资与加强个人项下跨境资本流动管理的双重目标。开展该项试点，有以下几个方面的现实意义：一是有利于拓宽民间资金投资渠道。温州民间资金非常充裕，在温州率先开展个人境外直接投资试点，对引导民间资金合法合理"走出去"，拓宽资金流出渠道，无疑具有重要的现实意义。二是有利于加强个人项下跨境资本流动管理。从当前境外投资实际情况看，除通过企业进行境外投资外，其实个人通过非规范渠道获取外汇在境外进行投资的行为一直存在。开展个人境外直接投资试点，建立规范化的个人境外直接投资渠道，既有利于加强个人项下跨境资本流动管理，也有利于维护个人境外投资的合法权益。三是有利于促进境外投资的便利化。因为目前个人境外投资尚无具体操作办法，所以除了一些个人通过非正规渠道对外直接投资外，部分个人投资者无奈"变身"通过设立公司对外投资。建立规范化的个人境外投资渠道，将有力促进境外投资便利化。四是有利于促进温州开放型经济发展。开展个人境外直接投资，将进一步带动温州人和资本在更广泛的领域参与国际竞争与合作，进一步加速"走出去"与"引进来"融合、"走出去"与"外贸发展"融合，进一步推进"走出去"战略和内外温州人互动战略，从而有效促进温州开放型经济转型发展。五是能够为国家推进外汇管理制度改革积累试点经验。开展个人对外直接投资试点，推进对外投资主体多元化，提高境外投资主体的国际竞争力，为进一步推进人民币资本项目可兑换积累试点经验。

二、监管的条件与基础

在温州率先开展个人境外直接投资试点，有较好的基础条件与优势。这主要体现在以下几个方面：一是温州具有开展试点的较好的经济基础。2009年，温州市 GDP 总量为 2527.88 亿元，人均 GDP 为 32595 元，按平均汇率折算达 4722 美元，从经济发展和工业化进程看，温州经济正处于工业化发展中后期，温州对外直接投资已具备了资本输出的基础经济条件，将进入全面、高速发展的阶段。二是温州具有个人境外直接投资的巨大的潜在市场需求。近年来，温州市企业境外直接投资和个人外汇收支双向增长。截至 2009 年底，经政府商务主管部门批准"走出去"的温州市境外企业和机构达 558家。每年有许多海外投资项目来温州推介，这些项目在招商时面向的客户中有 90%是中小企业或个人投资者。三是温州具有开展试点工作的独特优势。温州具有改革创新的传统优势，改革开放初期以发展民营经济为特征的"温州模式"，为全国推进市场化改革积累了成功经验。2008 年，温州民营经济创新发展综合配套改革试点，将"个人境外直接投资试点"作为温州市改革创新的一项重要内容予以推进。同时"海外温商""境外商品城""境外经贸合作区"等资源独具优势。四是试点风险可预测、可控制。在试点方案设计上，通过主体条件设置、单笔投资金额限制、领域控制、规模限制、参检强制等一系列措施，来确保试点工作的风险可预测、可控制。例如，在个人境外直接投资审核上设置适当准入条件，保证投资主体符合要求，资金来源正当合法，投资项目真实可行，投资领域符合政策规定，投资规模适当可控等。

三、监管的目标和要求

（一）监管目标

通过积极稳妥推进个人境外直接投资试点，探索建立规范、便捷、公平、开放的个人境外直接投资审核管理体系，努力构筑政府引导市场运作的个人境外直接投资发展促进体系，逐步完善功能齐备、机制灵活的个人境外直接投资社会服务体系。力争使温州成为实施"走出去"战略先行区、民营经济创新发展示范区，为全国推进外汇管理制度改革积累试点经验。

（二）监管要求

开展个人境外直接投资试点，要求在总体上把握好试点方案的设计、试点推进的节奏、试点效果的评估、试点经验的推广等方面的关系，稳步推进试点工作。一是要坚持正确方向，要按照有利于发展民间投资、有利于规范外汇管理、有利于促进温州本地经济发展的原则推进试点工作。二是要依照统筹规划、循序渐进、先易后难、留有余地的原则，分阶段、有选择地推进试点工作。三是要坚持综合配套，要强化试点涉及的外经贸、外汇管理、发展改革等职能部门的工作协调性及相关政策的配套性。

（三）监管的主要任务

建立规范便捷的个人境外投资管理监督体系。

（1）投资主体资格管理。设置纳入试点的个人境外直接投资者主体资格条件，作为个人境外直接投资核准登记的审查内容之一进行管理。投资主体需要同时具备以下条件：①持有中华人民共和国居民身份证件并取得因私护照；②具有完全民事行为能力；③18周岁以上；④拥有温州户籍。

（2）投资项目管理。①对投资者境外项目的真实性、合法性进行审查。②对投资者境外投资方式进行审查，投资方式限定为，通过新设、并购、参股等方式在境外设立非金融企业或取得既有非金融企业的所有权、控制权、经营管理权等权益的行为。③设定限制投资的对象和区域。不准投资设立境外特殊目的的公司，涉及我国禁止出口的技术和货物及矿产类境外投资。不准投资与我国未建交国家的境外投资、特定国家或地区的境外投资、涉及多国（地区）利益的境外投资。

（3）投资资金来源管理。投资者可使用自有外汇资金、人民币购汇以及经市外汇局核准的其他外汇资产来源等进行境外直接投资，也可将境外直接投资所得的利润留存境外用于其境外再投资。

（4）投资额度与规模管理。试点期间，投资者单项境外投资额不超过等值 300 万美元；多个投资者共同实施一项境外直接投资的，投资总额不超过等值 1000 万美元；个人境外直接投资年度总额不超过 2 亿美元。

（5）投资核准登记管理。制定《温州市个人境外直接投资管理办法》及实施细则，规范个人境外直接投资核准登记管理。①市外经贸部门按照《温州市个人境外直接投资管理办法》及实施细则的规定负责投资者主体资格审查、项目审查及投资额度审查，开展相应的核准登记管理；②市外汇管理部门按照《温州市个人境外直接投资管理办法》及实施细则的规定负责投资者资金来源及外汇使用审查，开展相应的核准登记管理。

（6）外汇收支管理。①外汇汇出管理。投资者经市外汇管理部门核准登记后，至外汇指定银行办理资金汇出手续。外汇指定银行进行真实性审核后予以办理。②外汇汇入管理。投资者境外直接投资获取利润及境外企业因转股、减资、清算等所得汇回境内的，使用资本专用账户办理入账。③账户管理。投资者境外直接投资外汇资金收支均应通过个人资本专用账户办理。账户开立和入账由市外汇管理部门核准。

（7）投资变更与终止事项管理。市外经贸部门、市外汇管理部门对原境外投资申请事项发生变更或投资的境外企业因转股、破产、解散、清算、经营期满等原因终止等变更终止事项，按照《温州市个人境外直接投资管理办法》及实施细则的规定进行变更或注销登记管理。

（8）投资联合年检管理。建立个人境外投资联合年检制度，通过年检了解境外企业的真实运营情况，加强对境外投资企业的动态管理。

（9）投资政策动态管理。试点期间，根据当地国际收支形势和境外直接投资情况，对境内个人境外直接投资领域、资金来源范围、投资额度与规模、管理方式及其境外直接投资所得利润留存境外的相关政策进行调整。

（10）出台扶持政策和便利化措施。搭建投资合作平台，出台相关扶持政策，推动个人境外直接投资稳步发展。开辟个人境外投资核准"绿色通道"服务模式，切实提高办事效率。

（11）加强对境外项目的服务指导。创新工作方法，积极引导境外项目依法实施、合规经营，建立与国际惯例相符的经营机制和分配制度，增强境外项目竞争能力与盈利能力。加强对投资者安全、法律、风俗习惯等方面的教育辅导，树立和谐共赢理念和社会责任意识，维护温州投资者的国际形象。

（12）加大金融支持力度。创新信贷产品、金融服务和管理机制，加大对个人境外直接投资的融资支持力度。探索实施境内企业境外放款、内保外贷等政策。

（13）搭建国际合作平台。探索设立国际性投资公司，搭建温州资本对接国际资本的平台。鼓励并引导个人以跨国并购、合资合作、重组联合、参股和股权置换、新设研发中心等方式，参与国际合作，积极争取国外的资金、技术、人才、管理、品牌、渠道等战略性资源，为加快推进温州自主创新服务。

（14）建立境外纠纷与突发事件处置应急机制。建立政府、协会、驻外使领馆、投资者四位一体的境外纠纷与突发事件处置应急机制，切实提高纠纷处置能力，在遇到战争、自然灾害、罢工、恐怖事件等突发事件时，保护温州市境外人员生命、财产安全。

（15）加强信息与咨询服务。建立境外投资创业信息服务平台，发展境外投资咨询服务中介机构，为投资者提供前期风险分析和论证、投资目标地区以及产业选择等咨询服务，提高决策的科学性，有效防范境外投资风险。

（16）充分发挥境外机构作用。争取我国驻当地大使馆、领事馆支持，获得一线服务。充分发挥温州市境外投资促进联络处功能，构筑政府和民间组织海外投资服务网络，引导境外企业加强自律，遵守当地法律，维护投资权益，进行信息交流互通，和谐融入当地社会。

四、监管的组织与实施

第一，成立温州市个人境外直接投资试点领导小组。领导小组由温州市政府分管领导任组长，温州市外经贸局、国家外汇管理局温州市中心支局、温州市发展和改革委、温州市公安局、温州市地方税务局等部门主要负责人为成员。领导小组下设办公室，办公室设在市外经贸局，全面负责试点方案的制定、报批、实施。

第二，合理安排试点工作进度。在2010～2012年用3年时间开展该项试点，整个试点工作分三个阶段予以推进：第一阶段（2010年）为完成方案申报阶段，争取国家有关部委批准试点方案；第二阶段（2011年）为方案实施阶段，精心组织试点工作，力求取得实质性突破；第三阶段（2012年）为总结评估阶段，积极总结评估试点经验与成果。

第三，落实试点工作责任。将试点工作纳入市委、市政府年度重要工作责任制予以推进，落实相关工作责任。合理分解试点工作涉及的相关部门工作任务，落实工作力量与试点经费保障，完善相关配套政策，强化试点协调推进措施，确保试点工作顺利推进并取得预期成效。

第九章　温州的金融改革与金融监管

自温州"金改"方案出台之日起，关于温州"金改"的评论之声便绵延不断。从温州当地的学者到全国金融界的专家，都将期待的目光放在了温州这一"金改试验田"上。质疑之声自然也是有的，不过，外界给予的，更多的还是希冀。

"金改"方案落地之后，普遍的观点是，温州金融改革将会是中国金融改革的一次实验。即便获得成功，也许在全国范围内推行亦非易事。当然，大范围改革来临前的一次小规模尝试，每一步都得谨小慎微。

温州向来是民间资本最具活力的前沿地带。此番金融改革从温州起步，引来很多雀跃、很多深思。多年来温州人的成功，在很大程度上取决于他们一贯拥有的开放心态。此刻，温州只会以更加敞亮的心胸去迎接这一次的挑战。我们有理由相信，温州，将成为中国金融改革史上的一大关键词。

第一节　温州金融改革与监管的意义

一、促进民间金融阳光化和规范化

温州金融改革是一次全方位的改革，然而不得不说的是，治理危机其实是发起改革的原因之一，针对的是温州经济发展过程中出现的民间金融"高利贷化"倾向，以及产业"空心化"的问题。本次改革定位于引导民间投资、规范民间融资，对于促进民间金融的阳光化和规范化具有极强的现实意义。①

不管是为了满足合理的市场需求，还是为了满足资本本身的投资需要，一个不可否认的事实是，民间金融已经成为现代经济活动中不可或缺的一部分。

所谓民间金融，国外将此定义为"非正规金融"，指的是政府批准并进行监管的金融活动之外所存在的游离于现行制度法规边缘的金融行为。我国的民间金融则是，为民间经济融通资金的所有非公有经济成分的资金活动。简言之，民间金融与官方金融相对，没有被纳入国家金融管理体系，由民间自发形成。

民间金融的表现形式是，资金供给和需求者之间直接完成或通过民间金融中介机构间接完成的融资。其主要运作形式有农村信用社、农村合作基金、合会、民间借贷、私人钱庄、小额贷款公司等。虽然已经发展成为我国国有资本、跨国资本之外的"第三支力量"，民间金融却一直被排斥在正规金融之外，这也造成了现在的一种无序状态。引导民间金融阳光化和规范化，成为势在必行的一项任务。这次温州金融改革的意义之一，就是能够促进民间金融从"地下走到地上"，有助于其规范化。

首先，温州金融改革的一个目标是构建多元化且多层次的金融体系。在多元化的金融体系中，民间金融的身份和地位会被认可。构建多元化金融体系的措施，具体包括：支持民间资本依法发起设立新型金融组织，鼓励民间资本多渠道发展，包括股权投资、债券投资、境外直接投资等方式，并提出构建地方场外交易市场。以上这些举措，可以帮助长期徘徊在灰色地带的民间金融和长期处于"资金饥渴"状态的中小民营企业结成"门当户对"的合作关系。在满足中小企业融资需求以及民间资本投资多样化需求的同时，也

---

① 温州市人民政府金融办公室. 选定温州——温州金融改革风云［M］. 北京：红旗出版社，2013.

让民间金融的身份和作用得以证明。

其次，温州金融改革意图打破银行的金融垄断，给民间金融的发展留出空间。这次温州金融改革的最大突破就是直指银行的金融垄断。因此改革明确提出，要放开民间资本的金融准入，支持民间资本依法设立村镇银行、小额贷款公司和资金互助社等小型金融机构，并且推行民间融资备案制等内容。这些措施，也释放出放松金融管制、在金融领域引入市场化竞争机制的信号。当年经济体制由计划经济向市场经济转变，便打破了国有经济的垄断地位，给民营经济"平了反"，使其可以参与自由平等的市场竞争。这次的温州金融改革发生在金融领域，以期打破银行等国家机构对金融的垄断，把民间金融引入市场竞争机制中，也有助于给民间金融一个"阳光化"的身份。

最后，温州金融改革有助于民间金融防范风险。在这次温州金融改革中，有两点举措引人注目，即"完善地方金融管理体制"和"建立金融综合改革风险防范机制"。和银行等正规金融机构相比，民间金融的灵活性和效率更胜一筹，但不可否认的是，其在规范化方面确实存在一些不足之处，身上不乏鲁莽的草根气质。完善地方金融管理体制和建立金融综合改革风险防范机制，有助于构建以地方为主、地方和中央互相联动的监管体系，既可以防止出现对民间金融监管的"真空地带"，又能够为民间金融的规范化运作奠定基础。

在温州这个最适合民间金融发展，而且民间金融也最发达的地区进行金融改革，相信对民间金融的阳光化更具有促进作用。不过，为了把实体经济作为民间资本的"蓄水池"，对民间资本之水进行疏导而不是堵塞，有必要在制订《中华人民共和国民间借贷法》的同时，推动《中华人民共和国民间投资促进法》的立法工作。

二、促进人民币国际化，加强人民币的境外监管

温州金融改革方案提出，"研究开展个人境外直接投资试点，探索建立规范便捷的直接投资渠道"，这项举措意味着个人境外直接投资在温州成为

现实。

试点个人境外直接投资的有益之处在于，不仅为温州民间资本提供了出路，更能折射出此次金融体制改革背后的人民币国际化信号，有利于促进人民币国际化。

和世界上主要储备货币相比，中国货币的名称可谓非常国际化——人民币，也可以理解为世界人民都认可的货币。但现实中，人民币却还没有完全国际化。

虽然一直到现在，人民币还没有完全实现国际化，不能真正在国际上流通，但是近年来，人民币国际化的呼声一直不绝于耳。特别是 2008 年世界性金融危机爆发后，"人民币国际化"更是屡次见诸报端。

过去，世界人民因为人民币不能保值而不愿持有。但金融危机后，美元暴露出币值不稳定的一面，让人们看到了现行的"美元一支独大"的国际货币体系的弊端，也看到了改革当前国际货币体系的重要性。这也更坚定了我国推进人民币国际化的决心。同时，中国与欧洲国家长年保持贸易顺差，使中国持有大量的美元储备。此时，拿到人民币就相当于拿到了美元，也为把人民币推向国际舞台做了准备。

所谓人民币国际化，指的是人民币能够跨越国界在境外流通，成为国际上普遍认可的计价、结算和储备货币的过程。主要包括三方面的内容：首先，人民币现金在境外有一定的流通度；其次，用人民币计价的金融产品，成为国际各主要金融机构（包括中央银行）的投资工具；最后，在国际贸易中，用人民币结算的交易要达到一定的比重。以上三点也是衡量其他货币国际化的通用标准。

可是，人民币是否需要国际化？人民币国际化是否存在弊端？国内一直存在争执。不可否认，一旦人民币实现国际化，中国国内经济和世界经济紧密相连，国际金融市场发生的任何风吹草动都会对中国金融产生相应的影响。首先，会加大宏观调控的难度。人民币在国际间的流动，可能会削弱中央银行对国内人民币的控制能力，从而影响国内宏观调控政策的效果。其次，会加大人民币现金管理和监测的难度。人民币流通到境外，参与跨境交易，可能会参加走私等非法活动，既影响中国金融市场的稳定，也会增加反洗钱、反假币的困难。

正如改革开放也会导致一些负面效应，但我们却不能因此否定改革开放一样，人民币国际化的脚步也不能因中国经济金融稳定而停止。当前国家之间经济竞争的最高表现形式，就是货币的竞争。在经济金融日益全球化的今天更是如此，掌握一种国际货币的发行权，对于一个国家经济发展的意义十分重大。

一方面，如果人民币成为国际货币，那么我国既可以取得铸币税的收入，还能够部分参与到国际金融资源的配置中来。既可以为本国带来更多经济效益，又能够帮助自己国家在全球金融资源的竞争和博弈中占据一席之地。

另一方面，人民币国际化还会减轻中国"过剩的流动性"。中国过度依赖美元结算导致外汇储备上升，存在流动性过剩的风险。在我国，流动性过剩和相对狭窄的投资渠道是一对矛盾范畴。流动性过剩，资本难免会四处投机，故会导致农产品和消费价格提高，同时还会放大房地产等资产价格泡沫。人民币国际化，有利于把过剩的资金从国内的"池子"引向国际的"资本海洋"，既有利于控制地产等资产价格的非理性上涨，还有助于预防国内通货膨胀的发生。

总体来说，人民币国际化对中国的益处大于弊端，是应该大力推行的一项工程。最近几年，在人民币国际化方面的工作，已经有了一定的进展。2009 年 7 月，中国人民银行下发《跨境贸易人民币结算试点管理办法》，正式启动了跨境贸易人民币结算试点。2010 年 6 月，中国人民银行宣布，中国跨境贸易人民币结算试点扩大到内地 20 个省（市、区）。至此，人民币国际化迈出了坚实的一步。

为配合跨境贸易人民币结算试点，方便银行业金融机构以及境内机构开展境外直接投资人民币结算，2011 年 1 月 13 日，中国人民银行制定发布了《境外直接投资人民币结算试点管理办法》，规定跨境贸易人民币结算试点地区的银行以及企业，可以开展境外直接投资人民币结算试点。这项"办法"的实施，不仅鼓励人民币"走出去"，还透露出国家对参与境外投资事务的决心。

现在正是人民币国际化进程大踏步前行的时候，不过仍旧有所局限。在资本的国际流动中，使用人民币结算的规模仍然相对较小。人民币无论在流出还是投资回流方面，都受到严格的限制。这种限制影响了人民币作为一种国际货币的被接受程度。

此次温州金融改革在温州开设个人境外直接投资试点，可以预见的是，人民币境外流通的数量会得到扩大。不仅如此，还能为人民币资本项目积累有效的经验。除温州之外，深圳也在积极"推动境外直接投资"，并提出推进深港银行跨境人民币贷款业务试点。这又是人民币国际化进程中的一种有益尝试。

个人境外直接投资试点原本是人民币国际化的措施，却成为温州金融改革中的一部分，充分表明了人民币国际化已经被置于金融改革的框架之中。人民币国际化应该建立在中国金融改革的基础之上。从温州金融改革设立个人境外直接投资试点来看，人民币国际化将会随着温州金融改革以及全国金融改革的持续发展而不断推进。

在此过程中，我们还要做好"打持久战"的准备。人民币国际化的条件没有完全成熟，比如至今为止我们还不能为投资者提供值得信赖的金融产品。

三、提升金融服务实体经济的能力，使金融服务进入良性循环的轨道

如前所述，温州金融综合改革12项主要任务中，多项内容涉及对中小企业和小微企业的金融支持，体现金融服务于实体经济的明确思路。

实体经济是与虚拟经济相对而言的一个概念。所谓虚拟经济，简单来说就是直接的"钱生钱"的活动，是市场经济高度发达的产物，比如股票、基金、债券投资。而实体经济，则是指物质、精神产品和服务的生产、流通等

经济活动，比如制造业、文化产业分别生产物质、精神产品，餐饮业、物流业则提供服务。

与虚拟经济相比，实体经济才是人类社会赖以生存和发展的基础，是一个国家市场稳定运行的基石。而实体经济更是金融的根基，一个国家的金融只有依托于实体经济才能够不断发展。

实体经济直接和民生疾苦以及企业发展联系在一起，对于维护社会经济秩序起到了至关重要的作用。就在美联储对实体经济愈加重视时，中国却上演了资本从实体经济中大逃离的戏码。

现在，在温州和其他地方，我们经常能够听到类似"不求百年基业但求资产增值""卖商品不如倒资本"的论调。在房地产和资本市场"赚钱效应"的刺激下，越来越多的资本被投放到资本市场，越来越多的实体经济企业家变成热衷投资的资本家。

在这种情况下，实体经济空心化现象越发严重。一部分实体企业转身做投资，另一部分坚持做实业的企业苦于找不到资金，无力发展。

大家都在赚快钱时应该要想到，实体经济发展才是国富民强的根本，真正拉动经济往上走的只能是实体经济。温州资本最初由实体经济积累而来，其今后的走向之一还应该是反哺实体经济，拉动实体经济的成长。

中国改革基金会国民经济研究所所长樊纲在一次采访中表示，回归实业将是世界经济在后危机时代基本的趋势："从经济学的基本道理来讲，没有哪个行业更高级，没有哪个行业永久地利润率更高，高利润和高风险是相结合的。制造业利润来得是慢一些，但制造业更稳定，它的风险更小。"

要拉动实体经济的发展，就需要增强金融方面的支撑。这次温州金融改革的目的之一，就是解决中小企业融资难题，而中小企业又是实体经济的生力军。由此可以推断，温州金融改革将会提升金融服务于实体经济的能力，引导更多的民间资本流向实体经济，对于推动实体经济的发展大有益处。

温州金融改革12项任务中的第五项指出："深化地方金融机构改革，鼓励国有银行和股份制银行在符合条件的前提下设立小企业信贷专营机构。"

第六项则提出："创新发展面向小微企业和'三农'的金融产品与服务，探索建立多层次金融服务体系。鼓励温州辖区内各银行机构加大对小微企业的信贷支持。支持发展面向小微企业和'三农'的融资租赁企业。建立小微企业融资综合服务中心。"以上措施都是为了给实体经济提供金融支持。

为了更好地为实体经济服务，金融改革中不妨进行"权力下移"，给基层金融机构更多的自主权。在美国，美联储就给予一些地方分行（如纽约支行）较大的执行权力，极大地提高了金融机构的运转效率。

在我国，基层金融机构和一些实体企业的空间距离更近，因而能够更敏感地触摸到实体企业的真实需求。而且，在金融改革以及为实体经济提供支持的过程中，说不定还会遇到一些阻力，诸如需要层层研究、审批。把一些行政权力"下放"给基层金融机构并由中央监管机构监管，很多实体企业直接、紧迫的需求就能得到及时满足。

不过，金融改革和实体经济之间并不是"单线"关系，即金融改革只为实体经济服务，实体经济对金融改革没有影响。金融改革对实体经济的支持效果如何，与实体经济自身的转型升级也有割不断的联系，温州金融改革为实体经济注入了更多的资源，但如果实体经济存在"漏洞"，再多的资源也是浪费，且会直接削弱金融改革的成效。

四、为全面金融改革和金融监管探路

随着温州市获批为金融综合改革试验区，温州这个民间资本之都开始成为中国金融改革的先行试验区。温州金融改革对温州地区本身具有里程碑式的意义，作为中国金融改革的风向标，温州金融改革对于中国金融改革和经济发展来说亦具有探路的作用。

按照国务院批准的《浙江省温州市金融综合改革试验区总体方案》构想，设立温州市金融综合改革试验区，开展金融综合改革，通过体制、机制创新，构建与经济社会发展相匹配的多元化金融体系。

方案同时提出了引导民间融资规范发展、提升金融服务实体经济能力、增强各类金融机构防范和化解金融风险的能力等目标，希望为地方金融规范化探路，为全国金融改革提供经验。在温州金融综合改革试验区正式获批后，地方金融改革之火随即点燃，金融改革浪潮在全国重要经济城市兴起。深圳、上海、天津3地首先"发声"，后逐渐蔓延至全国。

在国务院常务会议批准实施《浙江省温州市金融综合改革试验区总体方案》的15天后，即2012年4月12日，深圳市政府常务会议研究通过了《关于改善金融服务支持实体经济发展的若干意见》。文件提出了24条金融服务实体经济的意见措施，内容包含多项金融创新之举，如展开跨境双向贷款试点业务、成立深圳前海股权交易所、扩大代办股权转让系统试点、促进企业跨境发债等。

作为中国改革开放的窗口，早在2010年深圳特区成立30周年时，深圳市就意欲进行金融改革。当时的决策层对方案没有明确表示，改革被搁置下来。这次深圳市"旧案重提"，正是看准了温州金融改革试验区获批传递出的金融改革信号才顺势而为。在没有确凿获批的情况下，深圳还按捺不住在各大网站全文刊发了深版金融改革方案。

虽然都是金融改革，但温州和深圳在金融创新方面的侧重点有所不同。温州金融改革主要解决的是民间资本的合法化问题，而深圳金融改革则致力于人民币国际化和深港两地资金流动的问题。

在温州金融改革方案获批之前，作为全国金融中心的上海早已有所动作。2012年1月31日，经国务院批准，国家发改委与上海市政府联合发布了《"十二五"时期上海国际金融中心建设规划》。这份文件明确表示要将上海"基本建成与我国经济实力以及人民币国际地位相适应的国际金融中心"。上海对金融改革提出了相对具体的时间表。不过，上海国际金融中心的建设同样将面临制度创新的挑战。

纵观全球成熟金融中心的发展历程，可以发现它们都有一个共同特点，即拥有一个开放的市场和灵活创新的机制。目前，我国的金融开放水平有限，金融市场更是处于一个相对封闭的状态，更重要的是，利率和汇率的市场化机制没有形成。这种状况给上海金融改革增加了难度。但如果从另一个角度来看，也有积极的一面，例如，在温州金融改革中未被提及的利率市场化可能会在上海金融改革中有所突破。

而被称为中国私募基金最活跃地区之一的天津，也希望试验温州式的民间金融改革。在温州金融改革试验区获批后不到一个月，2012 年 4 月 20 日，天津就召开金融工作座谈会，"研究部署今后一个时期的金融工作"。

2006 年国务院批准天津滨海新区为全国综合配套改革试验区后，天津就将"建设与北方经济中心相适应的现代金融服务体系和全国金融改革创新基地"定为目标，一直在进行与金融相关的改革和创新工作。2011 年底，科技部批准天津市为全国首批科技金融创新试点城市。

不过，天津要想成为真正的北方金融中心，应该还有一段长路要走。不仅是因为在经济发展方面有所限制，还因为天津并没有推出具有全国影响力的金融改革措施。截至目前，天津在金融改革方面作出的最具影响力的措施就是"港股直通车"，但最终也没有得到中央政府的批准。

还是一句话，"星星之火，可以燎原"，随着温州金融改革的发展，以点带面，可能会引发遍及全国的金融体制改革。

第二节　温州金融监管的重点领域

温州金融改革应尽量确保资金有效地流入实体经济和中小企业。但资金逐利，天经地义。实体经济和中小企业如果无利可图，老天爷也无法把资金拉过去。基本的招数有三：其一，全面放宽私募基金、风险资金、中小贷款公司、民间资金自助合作组织，让它们自由进入和退出，风险自担。其二，大幅度给中小微型企业减税。高科技新创企业的税收最好都免了，以便鼓励年轻人创业。其三，温州应该下决心引入一些国际国内大企业作示范，促进产业升级换代。低水平的重复模仿和竞争不可能再搞下去了。①

一、构建"金融都江堰"，助力小微企业

实体经济发展到一定阶段，必须要有金融跟进。金融跟进不只是解决小微企业融资难问题，而首先是通过正规金融以及规范化民间借贷引导游离出来的民间闲置资金。这一点似乎被人们忽略了，其实是很重要的。正在实施的温州金融改革试验，不是所谓的"打破银行垄断"，而应着眼于构建一座高效稳健的"金融都江堰"，有效引导游离出来的民间闲置资金去灌溉小微企业，助长小微企业。

二、"去地产化"才能改善实体经营环境

温州的地下金融业务已经非常成熟，而且规模庞大，这次试验的意义更多在于使其阳光化，使其能得到有效的监管。地下金融是否会就此消失，我们认为这取决于现有银行部门的效率，如果实体经济中各资金需求部门依然无法从正规金融服务处得到满足，还会求诸地下；如果经济不"去地产化"，实体经营环境依然恶化，更多的资金还是会被从实体中挤出并进入"空转"。这是市场选择的结果，显然不是银行部门自身所决定的。它实际上是个体制问题，即政府主导经济资源配置的体制，这一基础没有变化，即便放开准入，现状也不会有太大的改变。

三、放宽民间资本组建民营银行的限制，发展草根金融支持草根经济

温州应放宽民间资本组建民营银行的限制，完善"天使投资—风险投资—股权投资"投融资链，使富裕的民间资本自由投资，引导游离于实体经济的"游资"回归，重振实业精神。同时还要构建与企业构成相匹配的"门

---

① 周德文，唐灿．温州大变局［M］．北京：世界图书出版公司，2012．

当户对"的投融资体系，发展草根金融支持草根经济。

中小企业的融资，应该由与其性质和规模相对应的金融机构来进行，用正规金融机构、大银行的那一套风险评估机制来做，成本很高，因而正规金融机构、大银行对这些企业不放贷或者惜贷是对的。这类企业的融资最好是由民营的中小金融机构来进行。现在的情况是，温州的民间融资方式已经跟不上温州实体经济的发展，跟不上企业的融资规模需求了。这就导致了大规模的功能上的错位，一些企业甚至通过高利贷来融资。假设民营企业"缺水"，若只建一根"大管子"，那这根"大管子"肯定就不对着中小企业了，所以要建很多小的"管子"，这样每一条都可以对着中小企业。温州的这次"金改"就是从这个方面着手的，放开准入、加强监管的同时，大力发展小额贷款公司、村镇银行、农村信用合作社等金融机构。

四、"金改"试点的重点在"一行三会"之外的机构

基于我们国家的监管现状，温州到底能做什么？温州金融改革为民间金融阳光化创造了条件。温州金融改革试点的重点，在于"一行三会"之外的机构。

第一，小贷公司。小贷公司发展多少家是次要的，因为重要的不是数量，而是小贷公司的市场定位和发展基础。小贷公司做的是金融业务，不能享受国家给予金融机构的政策，但是又要让它解决社会难题，所以我们认为，应该提出一个非公众金融机构的理念。第二，村镇银行。我们认为，村镇银行目前不宜是小贷公司的主攻方向，发起村镇银行也并不是民间资本进入金融业的一个好渠道。第三，农村资金互助社。目前农村资金互助社是具备金融牌照的，但是真正的资金互助社应该是标准的合作金融。如果具备金融牌照，那么就意味着面向社会，也就办不成合作。第四，融资租赁公司。第五，典当行。第六，为中小企业搭建股权融资市场。区域性的柜台市场，应该构建金字塔的塔基。美国的资本市场是一个金字塔，而中国却是一个倒金字塔。在深交所、上交所上市的企业有几千家，而在创业板上市的却只有200多家

企业，没有广大的小企业作为塔基，是不会出现高质量的上市公司的。因此，温州可以尝试建立区域性柜台市场。

五、民间融资需要开放、公平和有序的竞争平台

除了阳光化外，民间融资更需要开放、公平和有序的竞争平台。开放意味着民间资金能够进入正规金融机构，公平意味着民间资金可以获得与国有出资人平等的竞争地位，有序意味着民间资金不仅能够进入，而且还能够在经营失败时退出，而不至于对整个金融业和实体经济造成冲击。温州金融改革过程中不断出现的新型金融组织，意味着在开放方面已经迈出了一大步，但离给予民间资金以公平和有序的竞争平台还有距离。我们还需要完善社会信用和产权制度；尽快研究中小金融机构的市场退出机制，制定金融机构的破产转型条例等。

六、"倒逼"利率市场化

在当前中国的整体环境下，民间借贷特别是对实体经济的融资还未成气候，民间借贷形成的利率不足以冲击银行的非市场化利率，进而成为真正意义上的市场利率。只有民间特别是市场直接融资成为投资融资主体，并至少拥有半壁江山，利率形成机制才有市场化可言，才能形成真正意义上的市场化利率。从这个意义上看，推动民间融资市场和直接融资市场的发展，有"倒逼"利率市场化的作用。

七、政府监管需既"得当"又"得力"

我们一直在呼吁民间金融的正规化，但正规化可能会有好的正规化和不好的正规化。所谓好的正规化，就是制度设计让民间金融正规化后，仍能尽量保留其原来的效率高、能填补大银行体系服务盲区的特点，同时又能让其外部性得到必要的监管，成为"民间现代金融"。

所谓不好的正规化有两种可能：一是正规化后，民间金融逐步丧失了原

来的"民间性"，沦为地方政府主导的准官方金融机构；二是民间金融虽然身份正规化了，但并未实现相应的治理结构、风险约束机制的正规化。

因此，未来民间金融改革的难点与重点，是如何针对民间金融的特点发展民间金融的监管体系，让政府对民间金融主体及活动的监管，是既"得当"又"得力"的；让民间资本能够在一定的规则体系内，享有足够的、必要的自由。

温州金融改革成功的标志之一就是让民间金融阳光化，使民间金融这一完全内生的银行业雏形在与监管的互动中生存成长为中国金融机构中充满活力的一部分，培养出一代真正意义上的民营银行家。这将是我国金融业最具活力的组成部分。

我们认为，要放开银行执照的控制，同时加强监管，这是根本。温州"金改"的希望所在，是要突破银行制度的约束，不要把眼光仅停留在银行。银行的资本结构存在天然的不稳定性，所以应该突破这个制度的限制。美国人开办有限目标银行，把部分银行变成了基金机构，全部资金都放在那里，如果有人要贷款的话，可根据企业不同的经营情况给予不同的利率，这个利率是浮动的。所以，温州"金改"也要跳出银行这个框框，传统的银行并不是最主要的金融形式。

笔者本人对于温州"金改"抱有很大的希望，但希望此次改革不要在银行这几个字上打转，一定要跳出传统银行的局限。

八、温州"金改"绕不开民营银行

将民间借贷阳光化和规范化，温州中小企业就能获得快捷、方便的融资。但民间借贷阳光化和规范化只适用于温州中小企业的短期和少量融资，长期和巨量的融资依赖民间借贷，会导致中小企业融资成本过高，影响中小企业的效益。如果中小企业的民间借贷利率长期高于其净利润率，那么民间借贷就是一种饮鸩止渴行为。因此，民间借贷融资只能在某个时期、部分解决中小企业的融资问题。

目前体制下，能够给中小企业提供低成本资金的只有中小银行，温州金融改革还是得从开办银行突破。

九、拓宽直接金融渠道

温州"金改"应借机拓宽直接金融渠道，如向中央争取试点权利，采取备案登记制度，发行短期中小企业债券以及开展商业票据融资、信托融资等。民间资金愿意通过债券、票据、信托等方式，给中小企业予以直接融资。

长期以来，中国企业以间接金融为主，直接融资比重较低，且以股票融资为主，债券市场则非常落后。与国际市场直接融资"先债券再股票、先短期再中长期"的做法相反，我国则是"先股票后债券、先中长期再短期"。在现有审批制度下，股票、债券发行都是上规模、中长期的，而中小企业的短期小额融资显然难以涉足。温州"金改"应该突破现有金融管理框架，在直接融资渠道上有所作为。

十、尊重民间创新

不夸张地说，温州金融改革是温州民间金融的一次自我救赎，也是中国金融打破改革僵局的一次绝佳的机会。既然是改革、既然是试验区、既然是试点，就不应缩手缩脚，不宜强化"管制"意识。温州金融改革成败的关键，并不在于设立了多少监管部门，而是有没有尊重市场，尊重温州民间的创新意识和主观能动性，有没有尊重"演员"的自我发挥的权利。人类金融史已经多次证明，并且将继续证明，真正的改革绝对不是"管"出来的，而是"放"出来的。

对民间融资采取"堵"的办法难以奏效，宜采取"疏"的办法。长期来看，要构筑明确合理的政策框架，逐步推进民间融资的阳光化作为金融改革试验田，一方面，温州金融改革要实验由民营企业发起设立村镇银行等新型金融组织是否是民间资本进入我国金融业的一条风险相对较低的途径。《国务院关于鼓励和引导民间投资健康发展的若干意见》（以下简称民间投资

"新36条"）提出鼓励民间资本进入金融服务等领域，但如何落实民间投资"新36条"，即民间资本应通过何种方式进入金融业，仍是一个亟待研究的问题。在这方面，开展民企、自然人发起设立村镇银行以及小贷公司改制为村镇银行，可能是一条风险相对较低的途径。从理论上来说，设立村镇银行的资本金要求相对不高，这便于民间资本进入该领域。同时，倘若小规模的村镇银行因经营不佳而陷入困境，其他民间资本或金融机构可以较容易地对其进行收购，这可以确保其一旦成为问题机构后能够平稳退出市场。基于上述逻辑，民营企业发起设立村镇银行或小贷公司转制为村镇银行，应是引导民间资本进入金融业的过程中可供选择的风险较低的方式。但事实究竟如何，还有待温州试验作出检验。

另一方面，温州金融改革要检验由民营企业发起设立的村镇银行是否具有良好的市场生存能力。以民营企业为主发起人设立村镇银行，这些银行将成为从民间组建起来的金融组织，产权界定明晰，从而为其建立具有良好公司治理结构的现代企业制度、实行市场化经营机制造就先决条件。并且在该种模式下，民间资本掌握了直接的经营决策权，可充分发挥此类银行依托当地、利用地缘人缘优势处理软信息及从事关系型贷款上的比较优势，提升面向小企业与农户的融资服务水平。不过，这也仅是理论上的推理，最终结果仍有待温州试验作出回答，且这种结果势必会决定该模式在全国其他地方的推广价值。

如果上述模式取得了成功，则还有必要进一步尝试由有实力、有信誉的温州民营企业出资组建民营股份制商业银行这一更具挑战性的民营资本进入金融业的途径，这对于温州金融市场走向规范化、解决中小企业融资难、实现温州的区域金融与民营企业相互促进等可能产生更加重大的影响。

十一、构建地方金融监管体系

温州金融改革试点为地方金融谋求转型找到了一个新的突破口，然而，没有规矩、不成方圆。构建完善的地方金融监管体系，也是金融改革的题中应有之义。

温州"金改"强调，界定地方金融管理的职责边界，强化和落实地方政府处置金融风险和维护地方金融稳定的责任，防止出现监管真空，防范系统性和区域性风险。这预示着将对探索建立中央与地方政府共同参与的我国金融监管新体制进行大胆试验。目前，温州已新设地方金融管理局这一全国首创的地方金融监管机构，该机构的运作绩效值得关注。

目前我国金融监管的权力主要掌握在中央政府手中，相关监管部门通过在各地设立派出机构的方式来履行监管职责。例如，作为我国主要监管当局之一的银监会，即存在着国家级、省级、市级、县级等多个层次的监管层级，监管链条较长。由过长的监管链来对散布于各地的金融机构执行监管，必然导致信息传递速度慢，难以动态地分析、处理出现的有关风险，监管效率低下等问题。同时，从监管资源的配置上来看，中央金融监管部门配置于基层的监管资源相对不足，面对地域分散、数量庞大的监管对象，监管力量捉襟见肘，难以实施有效的风险监管。因此，对地域辽阔、各地经济发展特点和金融需求迥异的我国来说，由中央政府以统一集中的方式对整个金融行业实施监管，是不完全妥当的。

随着金融机构种类和数量的日趋增加，有必要探索建立中央和地方政府分别负责的二元监管体系。具体的框架可以是，中央政府负责制定基本的监管指导原则及业务指导、协调和风险预警等，在此基础上赋予地方政府对部分金融机构和金融业务的监管地位和一部分监管权力，使参与有关金融组织在市场准入、业务经营及市场退出方面的监管，并承担相应的风险化解责任。中央和地方政府分层负责的监管格局，将利于推动地方金融的创新，增强金融机构特别是地方性中小金融机构的金融服务能力，发挥地方政府所拥有的独特的监管手段，降低监管成本，促进地方金融稳定以及地方金融与地方经济的协调发展。

十二、开放个人跨境投资渠道

开放个人海外投资作为温州金融改革的一个重要突破点，也显得任重而道远。开展个人境外直接投资试点，探索建立规范便捷的直接投资渠道，既拓展了民间资金的投资渠道，同时也是对外开放的一个重要举措。

近年来，温州经济发展的阶段性瓶颈逐步显露，突出表现在资源匮乏导致要素成本不断上升，原有的制度先发优势逐步弱化，结构性生产能力过剩，等等。在新的发展阶段，温州民营经济要保持竞争优势，迫切需要积极借助跨境投资、跨国并购等国际化经营形式，充分利用境内外两个市场、两种资源，优化市场布局。现实中，海外华侨众多、民间资金数量庞大的温州，个人、企业的海外投资热情很高。但以往居民每人每年换汇额度仅为 5 万美元，且个人不被允许进行境外直接投资。而企业境外投资须经外汇管理部门批准，但审批程序相对复杂，不利于把握稍纵即逝的商机。现在温州"金改"试点开放个人海外投资，不仅有利于减轻我国外汇储备较多的压力，为有序推进人民币资本项目可兑换"探路"，而且也为民间资本的海外拓展提供了合法的通道，使对内向民间资本开放金融业与民间资本对外直接投资并行，促进民间资本在更广泛领域内参与国际竞争，带动开放型经济转型升级。

然而，个人在从事境外直接投资时，需要面对比国内市场更加复杂多变的国际环境，面临种种风险和障碍，因而作为试验田的温州，需要为我国个人境外投资之路探索各种经验。一是要在境外直接投资方式的选择上探索经验。跨国并购、新建、合资等各种境外投资方式各有优缺点，对于个人投资者来说，如何结合自身资源和发展战略，权衡利弊得失，积极而谨慎地做出选择，值得深入摸索。二是要在合作对象的选择上探索经验。在进行境外投资时，对合作对象的选择非常重要，合作人选择不当，失败的概率往往很大。如何结合个人境外投资的动机来选择合适的合作人，也亟待经验的积累。三是要在完善促进个人境外直接投资的公共服务体系上探索经验。如何建立高效的个人境外直接投资服务体系，建立境外纠纷与突发事件处置应急机制，在信息咨询、维权、法律、风险防范等方面给予参与境外投资的个人以有力支持，使政府扮演好个人跨境投资服务者的角色，同样需要通过实践来获取经验。

第三节　温州金融监管改革大事记

一、温州市被列为金融综合改革试验区

2012 年 3 月 28 日，时任国务院总理的温家宝同志主持召开国务院第 197 次常务会议，会上决定设立温州市金融综合改革试验区，并通过了《浙江省温州市金融综合改革试验区总体方案》，重点强调了 12 项任务。之所以把温州列为此次金融改革的试点，是因为温州金融领域出现的问题在全国范围内来看，既有代表性和普遍性，又比较独特。一方面，温州地区是我国民营经济的发源地，又是风向标，历来就有市场化的改革基因。[①]温州地区历来就充满着创业的气息。温州人发扬"敢为天下先"的勇气，在国内率先进行市场化改革，创造了广为人知的"温州模式"，使温州成为中国民营经济最为发达的地区之一。在温州，民营企业尤其是中小企业数量众多，有 40 多万家，民间资本丰富。作为民营经济发达的城市，温州地区民间资金充裕，民间金融活跃。据温州市金融办估计，温州民间资本总量已经超过 6000 亿元，并且每年以 14% 的速度递增，2012 年这一数字已达到上万亿元。数量庞大的民营企业和丰富的民间资本，为温州金融改革奠定了坚实的经济基础。另一方面，温州还是民间金融的"重灾区"。2011 年 2 月，欧洲债务危机的负面影响波及全球，温州成为中国受影响最严重的地区之一。

2011 年，温州部分中小企业出现了资金链断裂和企业主出走的现象，将温州推到了风口浪尖。温州市金融办提供的数据显示，2011 年到 2012 年 2 月中旬，温州出险企业就多达 234 家。在这场借贷危机中，仅 2011 年，温州担保公司就损失 14 亿元。

---

① 周德文. 温州金融改革——为中国金融改革探路 [M]. 杭州：浙江人民出版社，2013.

"跑路"事件不仅将温州中小企业的经营困境暴露出来，而且把民间金融野蛮生长的真实形态展现在我们面前，凸显了经济运行过程中存在的"民间资金多却投资难"和"中小企业多却融资难"的"两多两难"问题，对经济和社会的稳定造成了一定的影响。

此次国务院常务会议批准实施《浙江省温州市金融综合改革试验区总体方案》，要求通过金融体制机制的创新，构建与经济社会发展相匹配的多元化金融体系，使金融服务明显改进、防范和化解金融风险的能力明显增强、金融环境明显优化，为全国金融改革提供经验。

温州国家金融综合改革试验区的建立，旨在从地方上对金融组织体系、金融服务体系、民间资本市场体系、金融风险防范体系等方面先行试验。"加快实施小额贷款公司三年行动计划，分批公开向社会招投标设立相应机构，年内先行启动 10~15 家，为高位运行的民间资金'减压'、提供投资出路"。

在温州进行金融综合改革，能够切实解决温州经济发展中存在的突出问题，引导民间融资规范发展，提升金融服务于实体经济的能力。它不仅对温州经济的健康发展至关重要，对全国金融改革和经济发展也具有重要的探索意义。

二、温州金融综合改革试验区申报路线图

从 2011 年 10 月开始酝酿筹备，温州市金融综合改革试验区的申报历经 5 个多月：

2011 年 9 月，温州爆发了民间借贷风波，很多企业资金链断裂，一些老板纷纷"跑路"。在中小企业融资难的同时，温州银行业的不良贷款率不断上升。

银行不良贷款率的上升，与温州民间借贷风波关系密切。在此之前，温州银行业信贷资产质量连续数年向好，从某种程度上讲，是民间金融市场对企业的现金流做着支撑和粉饰。当温州民间信用风波爆发，人们开始从民间借贷市

场把钱抽回去，企业用来还银行的钱减少，甚至由于资金链断裂，无法偿还银行的贷款，这使潜伏在银行内部的不良贷款渐渐浮出水面。一时间，长期潜伏的民间金融问题爆发出来。面对出现的问题，各界人士进行了深刻的反思，温州市开始全面落实维护经济金融秩序稳定的一揽子措施，除了拿钱挽救企业，也在谋求"根治"的方法，部署推进地方金融改革的创新工作。

2011 年 9 月底，温州市委、市政府提出，"加快推进地方金融改革，大力推进小额贷款公司发展、农村信用合作社股份制改革、民间借贷登记服务中心建立、金融资产交易中心建设、金融衍生产品创新等工作，努力把温州打造成为全国性的民间资本之都"。

2011 年 10 月 4 日，时任国务院总理的温家宝同志到浙江省调研。浙江省和温州市两级党委政府提出在温州设立民间金融改革试验区，以把民间金融机构纳入监管轨道，降低市场利率和风险，引导民间资本早日实现阳光化。这一想法得到了温总理的认可。温总理提醒随行的中国人民银行行长周小川、中国银行行长刘明康等官员予以重视，并提示温州市地方政府，如果将温州作为金融综合改革试验区，要在哪些方面试验，试验的步骤、方法等都要明确。温州市政府组织相关部门，征询经济、金融领域多位权威专家的建议，反复讨论、制订和修改，初步形成了《浙江省温州市金融综合改革试验区总体方案》。

继 2002 年温州成为中国唯一的金融改革综合试验区后，温州重提金融改革。

这次的方案共有 8 项具体举措，分别是争创"温州国家金融综合改革（以下称"国家金改"）试验区"；深化小额贷款公司试点；全面启动农村合作金融机构股份制改造；鼓励和引进全国性金融机构在温州设立专业机构；开展民间资本管理服务公司试点；组建民间借贷登记服务中心；促进股权投资业发展；建立创新类地方金融组织监管机制。

以上 8 项举措，也是日后温州上报金融改革试验区的核心内容。

2011 年 11 月 2 日，《温州市人民政府办公室关于印发〈温州市人民政府金融工作办公室主要职责内设机构和人员编制规定〉的通知》（温政办〔2011〕157号）下发，温州市人民政府金融工作办公室成立，同时设立温州市地方金融监管服务中心，归金融办管理。

2011年11月8日，温州市金融工作会议召开。会议宣布，为引导民间资本规范化、阳光化，温州市将全面实施"1+8"地方金融改革创新战略。所谓"1"，即国家金改这一总方案；而"8"，则是围绕上述总方案对应制定的8个专项子方案。具体包括：试点民间资本管理服务公司、发展小额贷款公司、发展股权投资业、做强做大股权营运中心、试点民间借贷登记服务中心、温州银行发展规划、农村金融机构股份制改革、创建地方金融监管中心等内容。

然后，温州市政府把《浙江省温州市金融综合改革试验区总体方案》上报给浙江省政府。省政府多次召集相关部门和专家学者对改革方案加以完善。

2011年11月10日，浙江省政府把改革方案上报。

2011年11月15日，国务院要求中国人民银行牵头提出修改意见。

在此期间，国务院4位参事经过实地调研形成了书面材料，四次上报国务院、两次面见温家宝总理，提出应设立温州市金融综合改革试验区。

2011年12月12日，中国人民银行征求了国家发改委、财政部、人力资源和社会保障部、商务部、银监会、证监会和保监会7部委的意见。

2012年1月5日，国家7部委反馈了意见。2月3日，中国人民银行内部的8个司局会签。2月21日，中国人民银行发文，向7部委会签完成。3月2日，中国人民银行上报国务院。3月14日，时任国务院总理的温家宝在中共十一届全国人民代表大会第五次会议闭幕后会见中外记者，并在回答记者提问时表示："我可以告诉大家，中国人民银行和中国银监会正在积极考虑将温州的民间金融作为综合改革的试点之一。"

2012年3月28日，时任国务院总理温家宝主持召开国务院第197次常务会议，会议决定设立温州市金融综合改革试验区。至此，酝酿许久的温州金融综合改革试验区揭开了神秘的面纱。

三、温州金融改革历程

1980 年 10 月，金乡信用社在全国率先实行浮动利率。

1987 年，中国人民银行批准率先在温州实行利率改革。

2002 年 8 月，戴相龙提出温州金融体制改革设想。

2011 年 6 月，温州市股权营运中心开展实质性交易。

2011 年 8 月，温州爆发企业债务危机。

2011 年 9 月 27 日，温州召开规范民间金融秩序、促进经济转型发展的专题工作会议，成立专项工作领导小组，下设企业协调组、融资协调组、维稳协调组和宣传报道组 4 个专项工作组。

2011 年 9 月 28 日，温州市委、温州市人民政府发布《关于稳定规范金融秩序促进经济转型发展的意见》，涉及多项解决中小企业债务危机问题的措施，要求银行机构不抽资，当地政府抽调 25 个工作组进驻市内各银行，防止银行抽资压贷导致中小企业资金链断裂。

2011 年 10 月 4 日，温家宝总理到温州，先后两次召开会议，与温州企业家代表座谈，听取省市工作汇报，并发表重要讲话。

2011 年 10 月 12 日，市政府确定设立温州市区企业应急转贷专项资金，该专项资金规模为 5 亿元。

2011 年 10 月底，温州市政府将起草的《浙江省温州市金融综合改革试验区总体方案》递交浙江省政府，经研究完善后，上报国家相关部门。

2011 年 11 月 8 日，温州市委、市政府正式出台《关于进一步加快温州地方金融业创新发展的意见》和系列配套的 8 个文件，启动地方金融改革创新战略。同日，温州地方金融监管服务中心挂牌成立。

2012 年 2 月 1 日，世界温商大会吸引了 1000 多名在外温商齐聚家乡，会议前后共签约 124 个项目，总投资 1489 亿元。

2012 年 2 月 29 日，温州第一家民间资本管理公司瓯海信通民间资本管理股份有限公司开始试营业。同时，温州市民间借贷登记服务中心在鹿城区启动试点，不日即挂牌。

2012 年 3 月 28 日，时任国务院总理温家宝主持召开国务院常务会议，决定设立浙江省温州市金融综合改革试验区，并确定了温州市金融综合改革的 12 项主要任务。

四、《浙江省温州市金融综合改革试验区总体方案》获批

从 2011 年 10 月筹备申报到 2012 年 3 月 28 日获批，《浙江省温州市金融综合改革试验区总体方案》的出台只有短短 5 个月的时间。

与 2002 年的"温州金融改革试点"相比，这次温州金融改革的层次有所不同。首先在于它的审批机构不同。前一次是由中央银行批准的，并没有得到国家层面的认可，而这一次由国务院批准，具有全局的意义。

国家决定在温州设立"金融综合改革试验区"，旨在通过加速金融体制的创新，构建一个多元化的金融体系，以化解和防范现在或未来的金融风险，并为全国性的金融改革提供经验。其意义和规模远远超过温州 1987 年和 2002 年这两次金融改革。

退一步来讲，暂且不论这次金融改革的作用将有多大，所获得的经验是否能够推广，至少它释放出一种信号，即我们国家的顶层设计者对破解制约经济发展的金融桎梏，怀着一种"试水"的勇气和"下猛药"的决心。

就此来说，如果安徽小岗村是中国农村改革的发源地，温州则是中国金融改革的发源地。但是，即便是试点，这次金融改革也不能随意而行，必须注意以下 4 个方面：

首先，必须对《浙江省温州市金融综合改革试验区总体方案》进行细化，制订改革的详细日程表。在获批的《浙江省温州市金融综合改革试验区总体方案》中，共有 12 项改革任务。这 12 项任务明确了这次金融改革的大方向、目标和模式。至于如何把政策落到实处，以及每项措施的具体实施路径，都没有提及，需要温州继续进行细化和分解。

凡事"预则立，不预则废"，改革是一个长时间持续并不断向前推进的

过程，一旦停顿下来则可能倒退。因此，目前的温州金融改革试点还缺少一个顶层设计的时间表，如果有时间表便按照时间表层层推进。例如，可以把此次温州金融改革第一阶段的重点确定为鼓励民间资本进入金融领域，第二阶段的重点则是引导和培育民间资本构建金融机构。接下来，不妨对前面的关键环节进行审查和调整，以巩固前期的改革成果。否则就有可能和之前出台的政策相似，即存在"玻璃门效应"，表面看起来民间资本可以自由进出，实则不可能。

其次，应该确保金融市场主体的市场竞争环境。市场经济的特色就是自由公平竞争，在金融领域也是如此，也需要培育市场竞争环境。如果金融领域的主体，比如民间资本和国有资本不能站在同一起跑线上进行自由公平的竞争，出台再多的鼓励政策，对解除民间资本的困境、推动金融改革都没有益处。因此，在实施金融改革的具体方案时，可以在保障金融市场主体的地位平等以及造就公平的市场竞争环境方面多做一些功课。

再次，完善与金融改革相配套的制度。制度是行事的保证，它不是被写在纸上的固定规章，而是能够根据实际情况作出相关安排的灵活机制。从以前的改革经验来看，制度安排是一个"软肋"。在"摸着石头过河"的改革过程中，原来的制度常常缺乏相应的关联性，还必须要制定新制度来补漏洞。如此一来，改革的相关成本将大大增加。因此，在这次温州金融改革中，在有序推进政策的同时，要随时根据变化的形势积极进行调整，提前做好制度配套方面的工作。

最后，重视并注意防范温州金融改革的风险。这次温州金融改革的目标是破除垄断、解放民间资本。但是可想而知，民间资本的"口子"一旦放开，肯定会在中国金融市场上造成一定的轰动效应，不可避免地会产生一些随之而来的风险。对此，一方面应该树立风险意识，另一方面则要加强金融监管。前者是对于市场主体而言的，后者则在于政府作为。

金融市场主体要抛除此前依赖政府的心态，真正树立市场经营的思维，并做好承担相应市场风险的准备。市场是一个惩罚分明的理性角色，没有

"保护伞"可以撑。

对政府来说，金融监管方面的工作要有前瞻性，对扰乱金融市场、破坏金融体系的变化要能够及时发现并进行调整。必要时不妨加大与防范金融风险相关的立法工作，以保证防范工作的可操作性。

总体来说，《浙江省温州市金融综合改革试验区总体方案》让人欢欣鼓舞：规范发展民间融资，能够促进金融对实体经济的推动；加快发展新型金融组织，可以增强金融市场的活力；发展专业资产管理机构，使民间金融的发展更加正规化；个人境外直接投资试点，扩大了民间资本投资对象和范围；创新发展面向小微企业和"三农"的金融产品与服务，便于满足中小企业融资需求；等等。

每一项改革任务，都是对民间资本和中小企业的极大利好，当然背后可能也会有一个个难题和阻力。破除阻力、克服难题，认真贯彻和执行温州金融改革方案中的各项任务，中国金融改革的成功就在不远的前方。

五、温州金融改革的 12 项主要任务

2012 年 3 月 28 日，时任国务院总理温家宝同志在国务院第 197 次常务会议上，决定设立温州市金融综合改革试验区，同时确定了温州市金融综合改革的 12 项主要任务。

这 12 项主要任务，也就是这次温州金融改革的主要内容：

（1）规范发展民间融资。制定规范民间融资的管理办法，建立民间融资备案管理制度，建立健全民间融资监测体系。

（2）加快发展新型金融组织。鼓励和支持民间资金参与地方金融机构改革，依法发起设立或参股村镇银行、贷款公司、农村资金互助社等新型金融组织。符合条件的小额贷款公司可改制为村镇银行。

（3）发展专业资产管理机构。引导民间资金依法设立创业投资企业、股权投资企业及相关投资管理机构。

（4）研究开展个人境外直接投资试点，探索建立规范便捷的直接投资

渠道。

（5）深化地方金融机构改革。鼓励国有银行和股份制银行在符合条件的前提下设立小企业信贷专营机构。支持金融租赁公司等非银行金融机构开展业务。推进农村合作金融机构股份制改造。

（6）创新发展面向小微企业和"三农"的金融产品与服务，探索建立多层次金融服务体系。鼓励温州辖区内各银行机构加大对小微企业的信贷支持。支持发展面向小微企业和"三农"的融资租赁企业。建立小微企业融资综合服务中心。

（7）培育发展地方资本市场。依法合规开展非上市公司股份转让及技术、文化等产权交易。

（8）积极发展各类债券产品。推动更多企业尤其是小微企业通过债券市场融资。建立健全小微企业再担保体系。

（9）拓宽保险服务领域，创新发展服务于专业市场和产业集群的保险产品，鼓励和支持商业保险参与社会保障体系建设。

（10）加强社会信用体系建设。推进政务诚信、商务诚信、社会诚信和司法公信建设，推动小微企业和农村信用体系建设。加强信用市场监管。

（11）完善地方金融管理体制，防止出现监管真空，防范系统性风险和区域性风险。建立金融业综合统计制度，加强监测预警。

（12）建立金融综合改革风险防范机制。清晰界定地方金融管理的职责边界，强化和落实地方政府处置金融风险和维护地方金融稳定的责任。

综合来看温州金融改革的 12 项主要任务：第一项为温州民间资本发展指明了方向，即服务于民间融资，也就是可以从"地下"走到"地上"了；第二项到第九项为从"地下"走到"地上"的民间资本指出了"条条大道"，即可以成立村镇银行、创业投资公司、个人境外直接投资等；最后三项则提出了对民间资本进行监管的要求，即加强信用市场监管、加强监测预警、建立金融综合改革风险防范机制。

参考文献

［1］周德文．温州金融改革——为中国金融改革探路［M］．杭州：浙江人民出版社，2013．

［2］温州市人民政府金融工作办公室．选定温州——温州金融改革风云［M］．北京：红旗出版社，2013．

［3］周德文，唐灿．温州大变局［M］．北京：世界图书出版公司，2012．

［4］吴国联．温州金融生态透析［M］．上海：上海三联书店，2006．

［5］谢平，蔡浩仪．金融经营模式及监管体制研究［M］．北京：中国金融出版社，2003．

［6］史晋川，黄燕君，何嗣江，严谷军．中小金融机构与中小企业发展研究［M］．杭州：浙江大学出版社，2003．

［7］罗培新．温州金融实践与危机调研报告［M］．北京：法律出版社，2013．

［8］姚士新，张波．浙江农信小微企业金融服务实践与探索［M］．北京：中国金融出版社，2013．

［9］吴松弟．上帝让温州人发财［M］．上海：复旦大学出版社，2004．

［10］周德文，吴比．温州民营经济创业史［M］．杭州：浙江工商大学出版社，2011．

［11］张震宇．温州模式下的金融发展研究［M］．北京：中国金融出版社，2003．

[12] 陈文玲．温州从传统信用迈向现代信用 [M]．北京：中央编译出版社，2005．

[13] 周德文．看不懂的温州资本 [M]．北京：中华工商联合出版社，2011．

[14] 吴逢旭，陈文苞．温州实验——两个人的改革开放史 [M]．杭州：浙江人民出版社，2008．

[15] 赵肖为．近代温州社会经济发展概况 [M]．上海：上海三联书店，2014．

[16] 奚从清．温州的发展与发展的温州 [M]．杭州：浙江大学出版社，2013．

[17] 谢健．东部发达城市的欠发达地区发展研究 [M]．上海：上海三联书店，2010．

[18] 刘树程，吴太昌．浙江省温岭市泽国镇经济社会调研报告 [M]．北京：中国社会科学出版社，2008．

[19] 希望．温州模式的历史命运 [M]．北京：经济科学出版社，2005．

[20] 史晋川，金祥荣，赵伟，罗卫东．制度变迁与经济发展：温州模式研究 [M]．杭州：浙江大学出版社，2002．

[21] 赵岳．新金融监管——政策设计与评估 [M]．北京：中国金融出版社，2016．

[22] 王曙光．农村金融与组织制度 [M]．北京：中国发展出版社，2015．

[23] 达潭枫．银行系统性风险与宏观审慎监管研究 [M]．北京：经济科学出版社，2013．

[24] 张乐柱．农村合作金融制度研究 [M]．北京：中国农业出版社，2005．

[25] 王晓毅，蔡欣怡，李人庆．农村工业化与民间金融——温州的经验 [M]．太原：山西经济出版社，2004．

［26］祁敬宇．我国农村金融的协调发展及其监管［M］．北京：中国金融出版社，2010.

［27］张云燕．陕西农村合作金融结构信贷风险影响因素及控制研究［M］．北京：中国金融出版社，2014.

［28］张杰．中国农村金融制度：结构、变迁与政策［M］．北京：中国人民大学出版社，2003.

［29］郭田勇．金融监管学［M］．北京：中国金融出版社，2014.

［30］周道许．现代金融监管体制研究［M］．北京：中国金融出版社，2000.

［31］冯兴元，何广文，赵丙奇．民间金融风险研究［M］．北京：中国社会科学出版社，2013.

［32］冉光和等．农村金融资源开发机理与风险控制［M］．北京：中国社会科学出版社，2011.

［33］周道许，程春峰．金融监管原理与实务［M］．北京：中国言实出版社，2002.